Der BLV Pflanzen Doktor

Dorothea und Peter Baumjohann

Der BLV Pflanzen Doktor

Krankheiten, Schädlinge und andere Probleme erkennen und behandeln

blv

Inhalt

Pflanzenschäden – Ursachen und Vorbeugung

Freude am Garten

Für Sie, wie auch für viele andere interessierte Hobbygärtner ist der Garten ein Ort der Entspannung. Hier suchen und finden Sie den Ausgleich zum hektischen Alltag. Sie können den Verlauf der Jahreszeiten beobachten und hautnah miterleben, wie aus einem kleinen Setzling eine große Pflanze wird.
Viele Gärtner und Gärtnerinnen erfüllt die Ernte von eigenem Obst und Gemüse mit besonderem Stolz. Doch nicht immer verläuft alles nach Plan. Krankheiten und Schädlinge machen Ihnen die Ernte streitig oder befallen Sträucher, Rosen und Stauden. Ratlosigkeit macht sich breit. Doch lassen Sie sich nicht entmutigen. Nicht jede Blattlaus oder jeder einzelne Fleck auf den Blättern ist ein Grund zur Sorge. Wichtig ist jedoch, dass Sie Ihre Pflanzen beobachten und eingreifen, wenn der Schaden größer wird. Anhand vieler Bilder und detaillierter Beschreibungen hilft Ihnen dieses Buch, viele Krankheiten und Schädlinge zu diagnostizieren. Sie bekommen Ratschläge zur Vorbeugung und Behandlung der Schäden. So sind Sie in der Lage, die Oberhand im Garten zu behalten und können Ihre Oase der Ruhe in vollen Zügen genießen.

Was macht Pflanzen krank?

Schäden an Pflanzen entstehen oft direkt durch den Befall mit Krankheiten oder Schädlingen. Vielfach sind auch ein falscher Standort oder Pflegefehler Grund für braune Blätter, fehlende Blüten oder schadhafte Früchte.

Falscher Standort und Pflegefehler

Viele Pflanzenarten benötigen für ausreichendes Wachstum einen sonnigen Standort. Pflanzt man z. B. Rosen auf die Nordseite des Hausgartens, so ist ein Befall mit Blattpilzen sehr wahrscheinlich.

Verwenden Sie möglichst phosphatreduzierte Düngemittel, denn ca. 80 % der Gartenböden sind mit Phosphor überversorgt.

Auch die Blütenbildung wird zu wünschen übrig lassen. Genauso kann man von einem Apfelbaum, der hinter der Tannenhecke versteckt wird, kein schmackhaftes Obst erwarten. Vielmehr wird sich der Schorfpilz ausbreiten und die Früchte teilweise ungenießbar machen. Achten Sie deshalb auf die Standortempfehlungen in Gartenbüchern und lassen Sie sich in Fachgartencentern beraten. Die richtige Wahl des Standortes ist der erste Schritt zum vorbeugenden Pflanzenschutz.

Fehlerhafte Düngung

Pflanzen benötigen, wie wir Menschen, Nährstoffe wie Stickstoff, Phosphor, Kalium, Calcium, Magnesium, Eisen und viele andere. Diese Nährstoffe werden über den Dünger zugeführt. Werden Pflanzen nicht ausreichend mit diesen Nährstoffen versorgt, kommt es zur Ausbildung von Mangelerscheinungen. Bei Stickstoffmangel sind die Blätter fahlgrün. Sind die Pflanzen mangelhaft mit Kalium versorgt, zeigen sich an den Blatträndern der jüngsten Blätter Verbräunungen. Kaliummangel hat darüber hinaus zur Folge, dass Früchte weniger gut schmecken. Außerdem leidet die Frosthärte der Pflanzen, was zu weiteren Schäden führen kann.

Aber auch ein Zuviel an Nährstoffen muss vermieden werden. Sind Pflanzen z. B. mit Stickstoff überversorgt, steigt Ihre Anfälligkeit für Blattlausbefall und Infektionen mit Echten Mehltaupilzen.

Düngen Sie also Ihre Pflanzen bedarfsgerecht. Dazu sollten Sie alle 3 Jahre eine Nährstoffuntersuchung Ihres Gartenbodens bei einer Landwirtschaftlichen Untersuchungs- und Forschungsanstalt (LUFA) durchführen lassen.

Nur ausreichend ernährte Pflanzen wachsen und tragen Früchte. Links eine gedüngte, rechts eine ungedüngte Tomatenpflanze.

Pflanzenkrankheiten

Unter Pflanzenkrankheiten im engeren Sinne sind Schäden zu verstehen, die durch Viren, Bakterien oder pflanzenschädliche Pilze hervorgerufen werden.

Virusinfizierte Pflanzen erkennt man z. B. an mosaikartig gescheckten Blättern, wie hier bei Befall durch das Apfel-Mosaikvirus.

Viruserkrankungen

Viren sind mikroskopisch kleine Schaderreger. Sie verursachen z. B. ein mosaikartiges, gelb-grünes Muster auf den Blättern. Virusinfizierte Pflanzen blühen oftmals weniger oder sind im Wuchs gehemmt. Virenbefall kann darüber hinaus zu auffälligen Verformungen von Früchten oder Trieben führen.
Viren können nicht direkt mit Pflanzenschutzmitteln bekämpft werden. Auch das Wegschneiden einzelner Triebe bringt keine Abhilfe, da sich die Viren über den Pflanzensaft in der gesamten Pflanze verteilen. Virusbefallene Pflanzen sollten daher in der Regel entfernt werden.
Indirekt können Viren bekämpft werden, indem man Pflanzenschädlinge wie z. B. Blattläuse beseitigt. Denn Blattläuse sind die wichtigsten Überträger von Viruserkrankungen.

Bakterienkrankheiten können sich epidemieartig verbreiten. Der Feuerbrand, hier an der Birne, ist meldepflichtig.

Bakterienerkrankungen

Bakterien sind Organismen, die in der Regel nicht größer als ein tausendstel Millimeter sind. Sie dringen über Verletzungen in die Pflanze ein. Bakterien können zu tumorartigen Verdickungen an den Pflanzen führen, aber auch wässrige, mit einem hellen Hof umgebene Flecken auf Blättern und Früchten hervorrufen. Andere Bakterienkrankheiten, wie z. B. der Feuerbrand bei Apfel und Birne, führen zum plötzlichen Absterben einzelner Triebe.
Bakterien benötigen zu ihrer Verbreitung Feuchtigkeit. Gießen Sie Ihre Pflanzen daher möglichst, ohne die Blätter zu benetzen, denn dies wirkt der Ausbreitung von Bakterienerkrankungen entgegen. Aus dem gleichen Grund sollten Sie auch möglichst nur in trockenen Pflanzenbeständen arbeiten. Es gibt z. Zt. keine Pflanzenschutzmittel, die direkt gegen Bakterienkrankheiten zugelassen sind.

Echte Mehltaupilze erkennt man an dem abwischbaren, mehlartigen Belag. Sie verbreiten sich, im Gegenteil zu anderen Pilzen, bei sonnigem Hochdruckwetter.

Pflanzensaft ist zuckerhaltig. Die Ausscheidungen der Blattläuse sind dadurch klebrig und süß und werden »Honigtau« genannt. Darauf siedeln sich schnell die dunkel gefärbten Rußtaupilze an. Außerdem locken die süßen Ausscheidungen Ameisen an.

Pilzkrankheiten

Pilze sind die häufigsten Verursacher von Pflanzenkrankheiten. Schadpilze können Wurzeln, Stängel, Blätter und Blüten befallen. Einige Pilze verursachen Flecken und Beläge, andere führen zum Verbräunen und Absterben von Wurzeln oder Stängeln.
Die meisten Pilze benötigen für ihre Entwicklung viel Feuchtigkeit. Somit sind konsequentes Trockenhalten der Blätter beim Gießen und ausreichende Pflanzabstände wichtige vorbeugende Maßnahmen. Eine Ausnahme bilden die Echten Mehltaupilze. Diese Pilze, die einen auffälligen weißen, abwischbaren Belag auf den Pflanzen verursachen, treten vorwiegend bei trocken-warmer Witterung auf.
Pilze verbreiten sich durch mikroskopisch kleinen Sporen, die von Wind und Wasser transportiert werden. Die Sporen dringen bei entsprechenden Bedingungen in die Pflanze ein. Der Pilz entzieht der Pflanze Nährstoffe, später sterben ganze Zellen ab. Hierdurch entstehen sichtbare Vergilbungen und Verbräunungen. Entfernen Sie die sichtbar befallenen Pflanzenteile möglichst rasch, um die weitere Ausbreitung über Sporen zu begrenzen.

Pflanzenschädlinge

Tierische Schädlinge sind oft schon mit bloßem Auge zu erkennen. Sie verursachen Pflanzenschäden, indem sie an den verschiedensten Pflanzenteilen fressen oder saugen.
Einen Hinweis auf fressende Schädlinge liefern Fraßspuren an Blättern, Blüten, Trieben und Wurzeln. Die Art und Weise des Fraßes lässt schon auf einen bestimmten Schädling schließen. So verursacht z. B. der Dickmaulrüssler-Käfer den typischen **buchtenförmigen Fraß** an den Blatträndern (siehe Titelbild). **Raupen** fressen Löcher in die Blätter oder verursachen den so genannten **Fensterfraß** (siehe S. 108). Dabei bleiben die Löcher noch mit einem Häutchen verschlossen. Schnecken hinterlassen neben den Fraßspuren immer eine Schleimspur.
Daneben können von außen deutlich sichtbare **Fraßgänge** im Inneren den Blättern auftreten. Diese werden von Schädlingen verursacht, deren Larven in den Blättern fressen (siehe S. 38).
Saugende Schädlinge, z. B. die **Blattläuse**, schwächen die Pflanzen, indem sie ihnen Pflanzensaft entziehen. Durch die

Saugtätigkeit werden oft Viruskrankheiten von Pflanze zu Pflanze übertragen.
Andere Kleinstlebewesen, wie z. B. die **Spinnmilben**, schädigen die Pflanzen durch fortwährendes Anstechen der Pflanzenzellen. Dies führt zu einem großen Wasserverlust und schließlich zum Vertrocknen der Blätter (siehe S. 24).
Mit bloßem Auge kaum zu erkennen sind **Weichhautmilben** und **Nematoden**, die Missbildungen oder einen kümmerlichen Wuchs hervorrufen.

Wie kann man Pflanzenschäden vorbeugen?

Fruchtfolge beachten

Unter Fruchtfolge versteht man die Reihenfolge, in der man Kulturen im Garten nacheinander anbaut. Die Fruchtfolge hat einen wesentlichen Einfluss auf die Gesundheit und Wüchsigkeit der Pflanzen. Wenn Sie beispielsweise Ihre neuen Rosen einfach an den gleichen Platz im Garten pflanzen, an dem Sie gerade das alte Rosenbeet entfernt haben, führt dies zu Kümmerwuchs. Im Wurzelbereich der Rosen reichern sich nämlich im Laufe der Jahre verschiedene Mikroorganismen an, die für die neu gepflanzten Rosen schädlich sind. Diese Erscheinung, die so genannte **Bodenmüdigkeit**, lässt die Pflanzen schlecht wachsen und wenig blühen.
Finden Sie keinen neuen Platz für die Rosen, muss der Boden im Wurzelbereich ausgetauscht und verbessert werden.
Auch im Gemüsegarten ist die richtige Fruchtfolge wichtig. Pflanzt man z. B. Kohl immer an die gleiche Stelle, kann sich der gefürchtete Wurzelpilz Kohlhernie ausbreiten. Auch Kartoffeln und Tomaten sollte man jedes Jahr an eine andere Stelle im Garten setzen. Andernfalls können verschiedene Pilzkrankheiten wie z. B. die Kraut- und Braunfäule, die Pflanzen über Sporen leicht vom Boden aus befallen.
Wechseln Sie also möglichst häufig den Standort von Kulturen im Gemüse- und Obstgarten. So verringern Sie das Risiko eines Krankheits- und Schädlingsbefalls wesentlich.

In gut durchdachten Mischkulturen können Schädlinge durch Wurzelausscheidungen und Düfte abgehalten werden.

Mischkulturen anlegen

Auch der gut durchdachte Anbau verschiedenster Pflanzen auf einem Beet kann dem vorbeugenden Pflanzenschutz dienen. Durch die Vermischung von Wurzelausscheidungen und verschiedenen Düften der Pflanzen, die sich in direkter Nachbarschaft befinden, wird es Schädlingen erschwert, ihre Wirtspflanzen zielsicher aufzuspüren. Die Mischung verschiedener Pflanzen ist aber nicht beliebig. Es gibt »gute« und »schlechte« Kombinationen. Informationen darüber findet man in den meisten Biogarten-Büchern.

Nützliche Insekten fördern

Alle Pflanzenschädlinge haben in der Natur auch ihre natürlichen Feinde. Die natürlichen Gegenspieler von Pflanzenschädlingen werden allgemein als Nützlinge bezeichnet.

Die Bedeutung von Nützlingen

Nützlinge allein können einen Schädlingsbefall meist nicht vollständig verhindern. Dies liegt in der Natur der Sache, denn Nützlinge ernähren sich von Schädlingen. Somit benötigen sie eine gewisse Anzahl an Schädlingen als Nahrungsgrundlage. Nützlinge können aber entscheidend dazu beitragen, dass Massenvermehrungen von Schädlingen schnell wieder zusammenbrechen. Deshalb sollte jeder im Garten alle möglichen Maßnahmen ergreifen, Nützlinge zu fördern und im Garten anzusiedeln.

Nützlinge, die im Garten eine wichtige Rolle spielen	
Schädling	**Nützling**
Blattläuse	Marienkäfer, Florfliegen, Schwebfliegen, Ohrwürmer
Raupen	Vögel
Schnecken	Igel
Spinnmilben	Raubmilben
Wühlmäuse	Mauswiesel
Nachtaktive Schad-Schmetterlinge, Schnaken	Fledermäuse

Nützlinge können erstaunliche Mengen an Schädlingen vertilgen. So frisst z. B. eine einzige Larve des heimischen Marienkäfers während ihrer Entwicklung ca. 700 Blattläuse. Ein anderer wichtiger Blattlausfeind, die Schwebfliege, kann als Larve innerhalb von ein bis zwei Wochen 300-500 Blattläuse verspeisen. Erwachsene Schwebfliegen können bis zu 1000 Eier einzeln in Blattlauskolonien ablegen. Auf diese Weise können viele Blattlauskolonien von Schwebfliegen besiedelt werden.
Schwebfliegen werden oft mit Wespen verwechselt. Sie sind allerdings anhand ihres Flugverhaltens ganz einfach zu unterscheiden. Im Gegensatz zu Wespen verharren Schwebfliegen oft einige Sekunden an einer Stelle, bevor sie dann blitzartig weiterfliegen.

Sehr effektive Schädlingsvertilger sind auch die nachtaktiven Fledermäuse. Eine einzige Fledermaus frisst in einem Sommer fast ein halbes Kilogramm Insekten. Fledermäuse erfassen dabei nachtaktive Schädlinge, wie z. B. die Apfelwicklerfalter, dessen Larven für den Madenbefall in Äpfeln und Birnen verantwortlich sind.

Maßnahmen zur Nützlingsförderung

Wenn Sie nützliche Tiere im Garten ansiedeln möchten, müssen Sie dafür sorgen, dass sich die Tiere bei Ihnen wohl fühlen. Die Nützlinge müssen vor allem geeignete Versteckmöglichkeiten finden. Dies ist in vollkommen aufgeräumten, sterilen Gärten kaum möglich. Lassen Sie daher in Ihrem Garten in einigen Bereichen z. B. dichte Sträucher stehen. Hier findet der Igel tagsüber Versteckmöglichkeiten. Auch Haufen mit Zweigen und Laub bieten

Nützlingen gute Zufluchtmöglichkeiten. Folgende Maßnahmen zur Förderung von Nützlingen können Sie im Garten ohne großen Aufwand durchführen:

Ohrwürmer sind wirksame Blattlausvertilger. Die nachtaktiven Tiere halten sich tagsüber gerne in Holzwolle gefüllten Tontöpfen auf.

Ohrwurmversteck

Ohrwurmverstecke kann man mit Hilfe eines Tontopfes und Holzwolle ganz einfach selber herstellen. Man schiebt einen Blumendraht durch das am Topfboden befindliche Loch. Dann wird der Topf mit Holzwolle gefüllt und der Draht umgebogen, sodass er die Holzwolle hält. Der Topf wird mit der offenen Seite nach unten im Frühjahr in Obstbäume gehängt. Wichtig ist, dass er Kontakt zum Stamm hat. Nur so können die Ohrwürmer in den Topf gelangen und ihn als Tagesversteck nutzen.
Ohrwurmbehausungen kann man als Ohrwurmsäckchen oder Ohrwurmröhren auch fertig im Handel kaufen.
Wenn keine Blattläuse mehr im Baum sind, sollte man das Ohrwurmversteck umhängen. Sonst könnten die Ohrwürmer aus Nahrungsmangel auch auf pflanzliche Nahrung zurückgreifen.

Igelversteck

Igel brauchen geschützte Hecken und Reisighaufen, in die sie sich tagsüber zurückziehen können. Für den Winter kann man zusätzlich Versteckmöglichkeiten in Form eines Holzkastens anbieten. Der Kasten wird mit reichlich mit Laub ausgepolstert und etwas versteckt unter Sträuchern aufgestellt.
Auch im Handel erhältliche Igelhöhlen unterstützen die stacheligen Gesellen.

Nistkästen für Vögel und Fledermäuse

Für Singvögel werden im Handel verschiedene Nistkästen angeboten. Es gibt verschiedene Versionen für Meisen, Rotschwänze, Sperlinge, Baumläufer, und andere. Sie unterscheiden sich durch die Größe und Ausgestaltung der Einflugöffnung. Hängen Sie die Kästen so auf, dass sie vor Witterungseinflüssen, wie Starkregen und Temperaturschwankungen, geschützt sind. Achten Sie darauf, dass die Kästen für Katzen nicht erreichbar sind. Die Einflugöffnung sollte nach Südosten gerichtet sein. Im Herbst müssen die Kästen gereinigt werden.
Auch Fledermäuse können im Garten angesiedelt werden. Dazu gibt es im Handel spezielle Kästen. Verlieren Sie nicht die Geduld,

Bietet man Fledermäusen ein geeignetes Tagesversteck, kann man sie mit etwas Geduld im Garten ansiedeln.

wenn die Kästen nicht gleich angenommen werden - oft dauert es einige Jahre, bevor sich Fledermäuse niederlassen.

Steinhaufen als Unterschlupf

Mauswiesel ziehen sich gerne unter Haufen mit groben Steinen zurück. Von dort aus gehen sie auf Beutezug und dringen z.B. in Wühlmausbauten ein. Das Mauswiesel ist eines der wenigen Tiere, das die unterirdisch lebenden Wühlmäuse wirkungsvoll bekämpfen kann.

Nektarpflanzen anbieten

Viele nützliche Insekten wie Florfliegen und Schwebfliegen ernähren sich als erwachsenes Tier von Blütenpollen und Nektar. Nur wenn genügend Nahrung vorhanden ist, legen sie Eier ab, aus denen die blattlausvertilgenden Larven schlüpfen. Deshalb sollten möglichst zu jeder Jahreszeit blühende Pflanzen im Garten vorhanden sein.

Nützlingsschonender Pflanzenschutz

Achten Sie bei der Auswahl von Pflanzenschutzmitteln darauf, nur möglichst nützlingsschonende Mittel zu verwenden. Näheres finden Sie unter Kriterien für empfehlenswerte Pflanzenschutzmittel ab Seite 132.

Kompostieren zur Bodenverbesserung

Komposterde zeichnet sich durch eine Vielzahl von Mikroorganismen aus. Sie ist wesentlich belebter als der normale Gartenboden. Durch die große Menge an verschiedenen Lebewesen haben es Krankheitserreger viel schwerer, den Kompost zu besiedeln. Denn unter den Bodenlebewesen sind stets auch Gegenspieler der Krankheitserreger enthalten. Somit ist die Verwendung von Kompost ein wichtiger Beitrag zur Vorbeugung gegen Pflanzenkrankheiten.

In geschlossenen Kompostbehältern läuft die Kompostierung schneller und gründlicher ab als in offenen Kompostmieten. Aus Sicht des Pflanzenschutzes sind sie daher empfehlenswert.

Kranke Pflanzen – was darf auf den Kompost?

Viele kranke Pflanzen bzw. Pflanzenteile können kompostiert werden. Bei einigen Krankheitserregern ist nicht sicher, ob sie während des Kompostierungsprozesses auch tatsächlich zersetzt werden. Deshalb empfehlen wir, solche Pflanzenteile besser über die grüne Tonne ganz aus dem Garten zu entfernen.

Das kann kompostiert werden	**Das darf nicht auf den Kompost**
Blätter mit Blattpilzen wie z. B. Echter Mehltau, Rost, Schorf	Pflanzen mit Wurzelpilzerkrankungen
Obst mit Schorf oder Fäulnispilzen	Pflanzen mit Bakterienerkrankungen
Pflanzen mit Blattläusen, Weißen Fliegen oder Spinnmilben	Kohlpflanzen mit Kohlhernie
Unkräuter ohne Samen	Tomaten und Kartoffeln mit Krautfäule
	Äste mit Krebsstellen oder *Monilia*-Spitzendürre
	Samentragende Unkräuter, Wurzelunkräuter

Krankheitserreger, die durch Gartenabfälle auf den Kompost gelangen, müssen während der Umsetzung auf dem Kompost vollständig abgebaut werden. So wird der Neubefall der Pflanzen von kranken Blättern und Früchten aus dem Kompost verhindert.

Wie bekomme ich gute Komposterde?

Wissenschaftliche Untersuchungen zeigen, dass die Kompostierung in Kompostbehältern im Vergleich zur offenen Kompostmiete vorteilhaft ist. Die Feuchtigkeit ist gleichmäßiger, die Zersetzungstemperaturen sind höher. So läuft die Kompostierung schneller und gründlicher ab. Aus der Sicht der Pflanzengesundheit empfiehlt sich daher die Verwendung eines Kompostbehälters.

Darüber hinaus ist es sehr wichtig, die Gartenabfälle mit der Gartenschere vorher gut zu zerkleinern, um den Mikroorganismen genügend Angriffsfläche zu bieten. Förderlich auf die Zersetzung wirkt auch das Umsetzen des Kompostes. Dadurch werden feuchte und trockene Materialien gut durchmischt. Die Temperatur im Kompost steigt an, was den Abbau von kranken Pflanzenteilen wesentlich beschleunigt.

Krankheiten und Schädlinge im Ziergarten

Die häufigsten Probleme

In den folgenden Kapiteln finden Sie die wichtigsten Gartenpflanzen mit ihren Schädlingen und Krankheiten aufgeführt. Die Pflanzen sind in die Bereiche Zier,- Obst- und Gemüsegarten unterteilt. Innerhalb dieser Bereiche sind die einzelnen Pflanzenarten alphabetisch geordnet.
Bei den jeweiligen Pflanzen sind die im Hobbygarten wichtigsten und häufigsten Schädlinge und Krankheiten aufgeführt. Als erstes finden Sie immer die Schädlinge, danach sind die Krankheiten erläutert, beide jeweils nach Häufigkeit ihres Auftretens sortiert.
In der Beschreibung der einzelnen Krankheiten finden Sie Hinweise, die Ihnen die Diagnose des Schaderregers ermöglichen. Der Zeitraum, in dem der Schaderreger auftritt, ist in einer **Zeitleiste** ablesbar (dunkel gefärbte Monate). Im Text werden dann Maßnahmen zur Vorbeugung und Bekämpfung der Krankheiten und Schädlinge beschrieben. Wenn Pflanzenschutzmittel empfohlen werden, sind die Namen der jeweils aktuell zugelassenen Mittel sowie in Klammern ihrer Hersteller aufgeführt. Nähere Erläuterungen zu den Pflanzenschutzmitteln finden Sie ab Seite 131. Der jeweils optimale Behandlungszeitraum ist in Form eines roten Rahmens in der Zeitleiste kenntlich gemacht.
Neben den Beschreibungen der Krankheiten und Schädlinge finden Sie auch Antworten auf **typische Fragen**, die im Hobbygarten immer wieder zum Thema Pflanzenschutz gestellt werden.

jan feb mär apr mai

Spritzen

(NW) = Nebenwirkung
(EW) = z. Zt. nur im Erwerbsgartenbau zugelassen (siehe Seite 132)

?

Blattläuse

Schadbild: An Triebspitzen und den Unterseiten junger Blätter und Knospen saugen 0,5-2 mm große, grüne, schwarze oder rötliche Läuse. Die Blätter und Triebe kräuseln sich und vergilben. Durch die Honigtauausscheidungen der Läuse werden Ameisen angelockt. Es können sich schwarze Rußtaupilze bilden. Blattläuse können eine Vielzahl von Viruskrankheiten von Pflanze zu Pflanze übertragen. Im Sommer findet man neben den flügellosen auch geflügelte Tiere, die auf andere Pflanzenarten wechseln können. Im Herbst legen die Läuse ihre Wintereier an Triebspitzen von Gehölzen.

Behandlung: Blattläuse werden von einer Vielzahl von Nützlingen wie z. B. den Larven von Florfliegen, Marienkäfern und Schwebfliegen dezimiert. Ergänzend können Sie befallene Triebspitzen wegschneiden und vernichten oder die Pflanzen mit einem scharfen Wasserstrahl abspritzen. Bei starkem Befall sollten Sie eine direkte Bekämpfung in Betracht ziehen und dabei möglichst nützlingsschonende Mittel bevorzugen.
Mittel: Neudosan Neu Blattlausfrei und Spruzit Schädlingsfrei (Neudorff), Schädlingsfrei Hortex und Rosenpflaster Hortex, Schädlingsfrei Neem und Schädlingsfrei Naturen (Celaflor), Rosen-Schädlingsfrei Provado (Bayer), Schädlingsfrei plus und Bi 58 Rosenpflaster (Compo).

Spritzen

jan	feb	mär	apr	mai	jun	jul	aug	sep	okt	nov	dez

Gespinstmotten

Schadbild: Ab Ende April fressen kleine Raupen am Austrieb. Ab Mai sind die ersten Zweige und Blätter mit weiß-grauen Gespinsten überzogen, in denen graugelbe Raupen fressen. Diese bleiben in den Gespinsten, bis im Juli/Aug die Falter schlüpfen. Es können ganze Bäume in Mitleidenschaft gezogen werden.
Behandlung: Einzelne Gespinste können Sie herausschneiden und vernichten. Bei starkem Befall können Sie auch eine Spritzbehandlung durchführen. Diese ist jedoch nur frühzeitig wirksam, solange die Gespinste noch für die Spritzbrühe durchlässig sind.
Mittel: Spruzit Schädlingsfrei (Neudorff), Runner (Bayer), Schädlingsfrei Neem, Schädlingsfrei Parexan plus (Celaflor).

Spritzen

jan	feb	mär	apr	mai	jun	jul	aug	sep	okt	nov	dez

Dickmaulrüssler

Schadbild: An den Blättern betroffener Pflanzen entsteht im April/Mai ein buchtenförmiger Blattrandfraß durch den erwachsenen Käfer. Dieser ist 10–12 mm groß, dunkelgrau und nachtaktiv. Später welken stark befallene Pflanzen und sterben schließlich ab. Dieser Schaden wird von den im Juli schlüpfenden Larven verursacht, die an Wurzeln und Wurzelhals fressen. Die weißen Larven (siehe Bild rechts) werden bis zu 1 cm groß, haben eine braune Kopfkapsel und sind bauchwärts gekrümmt. Die Larven überwintern im Boden, verpuppen sich im Frühjahr und entwickeln sich dann im Mai/Juni zum Käfer. Auch erwachsene Käfer können den Winter überstehen.

Behandlung: Die nachtaktiven Käfer abends absammeln. Sie finden sie leichter, wenn Sie ihnen Tagesverstecke anbieten, z. B. Bretter, die Sie auf den Boden legen. Eine Larvenbekämpfung können Sie mit nützlichen räuberischen Nematoden durchführen. Diese werden in eine mit Wasser gefüllte Kanne eingerührt und ab 12 °C Bodentemperatur einfach im Gießverfahren ausgebracht. Die Behandlung sollte im Frühjahr und im Herbst erfolgen und im Folgejahr wiederholt werden.

Mittel: Nützlinge: Parasitäre HM-Nematoden (Neudorff).

jan	feb	mär	apr	mai	jun	jul	aug	sep	okt	nov	dez

Nematoden (markiert: apr, mai, aug, sep)

Rotpustelkrankheit

Schadbild: Im Frühjahr und im Herbst bilden sich auf abgestorbenen Trieben und Aststummeln verschiedener Laubgehölze etwa 0,5–1 mm große, rote Pusteln, aus denen unter feuchten Bedingungen Sporen entlassen werden. Bei geschwächten Pflanzen wird auch lebendes Gewebe befallen. Im Sommer welken die befallenen Astpartien und das Holz verfärbt sich grünlich bis bräunlich.

Behandlung: Führen Sie Schnittmaßnahmen immer mit scharfen Werkzeugen durch. Ausgefranste Wundränder heilen sehr viel langsamer und bieten daher lange Zeit ideale Eintrittspforten für Krankheitserreger. Lassen Sie keine Aststummel stehen. Schneiden Sie möglichst bei trockenem Wetter, da die Pilzsporen Feuchtigkeit zum Auskeimen benötigt. Große Wunden behandelt man vorsorglich mit einem Wundverschlussmittel. Befallene Zweige müssen Sie wegschneiden und vernichten.

Mittel: Zum Wundverschluss: Malusan Wundverschluss (Neudorff), Lac-Balsam (Celaflor).

jan	feb	mär	apr	mai	jun	jul	aug	sep	okt	nov	dez

Streusalzschäden

Schadbild: An Straßen, Plätzen und Hauseingängen trocknen die Blätter betroffener Pflanzen vom Rand her ein. Bei sehr hoher Salzkonzentration im Boden kommt es zu vorzeitigem Blattfall. Nadelgehölze reagieren mit Nadelverbräunung, vor allem an den unteren Zweigpartien. Der Schaden ist oft erst im Sommer sichtbar. Starke Trockenheit und die Überdüngung mit mineralischen Düngern lösen die gleichen Symptome aus.
Behandlung: Empfindliche Pflanzen, die im Einflussbereich von Auftausalzen wachsen, im Frühjahr sehr stark wässern. Die im Boden angereicherten Salze werden damit ausgewaschen. Durch die Auswaschung wird jedoch das Grundwasser stark belastet. Daher ist es sinnvoll, wenn Sie auf auftauende Streumittel möglichst ganz verzichten und Granulat, Splitt oder groben Sand einsetzen.

jan	feb	mär	apr	mai	jun	jul	aug	sep	okt	nov	dez

Eisenmangel

Schadbild: Die Blätter vergilben, wobei die Blattadern grün bleiben. Betroffen sind zuerst die jüngsten Blätter, bei Nadelgehölzen die diesjährigen Nadeln. Die Pflanzen bleiben im Wachstum zurück. Eisenmangel ist in den meisten Fällen auf einen zu hohen Boden-pH-Wert (Säuregrad) zurückzuführen. Obwohl das für die Blattgrünbildung wichtige Element in genügender Menge im Boden vorhanden ist, ist die Aufnahme blockiert.
Behandlung: Eine schnelle Hilfe bieten spezielle Eisendünger, die Sie mit Hilfe einer Spritze direkt auf die Blätter ausbringen können. Langfristig sollten Sie versuchen, den pH-Wert zu senken, indem Sie physiologisch sauer wirkende Dünger verwenden. Das sind z. B. die meisten Rhododendron-, Hortensien- und Heidelbeerdünger. Sammeln Sie Regenwasser zum Gießen im Garten und vermeiden Sie allzu hohe Kompostgaben, denn Kompost erhöht den pH-Wert. Pflanzen mit Eisenmangelsymptomen dürfen nicht gekalkt werden.

jan	feb	mär	apr	mai	jun	jul	aug	sep	okt	nov	dez

Rose *(Rosa-*Arten und -Sorten)

Blattläuse

Schadbild: An Triebspitzen und den Unterseiten junger Blätter und Knospen saugen 0,5 -2 mm große, grüne, oder rötliche Läuse. Die Blätter und Triebe kräuseln sich und vergilben. Im Herbst kommen die Läuse zurück zu den Rosen und legen Eier an die Triebspitzen, die den Winter überdauern.
Weiteres siehe Seite 19.

Rosen-Blattrollwespe

Schadbild: Ab Ende Mai rollen sich die Rosenblätter plötzlich röhrenförmig ein. In den eingerollten Blättern entwickelt sich eine hellgrüne, 5-9 mm lange Raupe, die im Blatt frisst. Spätestens Anfang Juli verlassen die Raupen die Rollen und verkriechen sich zur Überwinterung in den Boden.
Behandlung: In der Regel sind nur einzelne Blätter betroffen. Nachhaltige Schäden können Sie verhindern, wenn Sie die Blattrollen herausschneiden und vernichten, solange sich die Raupe noch darin befindet.

jan	feb	mär	apr	mai	jun	jul	aug	sep	okt	nov	dez

Rosen-Zikade

Schadbild: Auf der Blattoberseite zeigen sich helle Sprenkel, anfangs entlang der Blattadern, später über das ganze Blatt verteilt. Blattunterseits saugen zahlreiche hellgrüne Insekten, die bei Störung aufspringen oder -fliegen. Die erwachsenen Zikaden haben Flügel, die etwas kleineren Larven sind ungeflügelt. Außerdem findet man zahlreiche weiße Larvenhäute. Bei starkem Befall kommt es zu vorzeitigem Blattfall. Im Oktober legen die Schädlinge zur Überwinterung Eier in die Rindenritzen der Rosen.
Behandlung: Bei einem leichten Befall reicht es aus, wenn Sie die ersten gesprenkelten Blätter abpflücken und vernichten. Ist der Be-

fall stärker, sollten Sie eine Spritzbehandlung durchführen. Spritzen Sie am besten frühmorgens, wenn es noch kühl ist; die Zikaden sind dann noch nicht so beweglich. Achten Sie darauf, dass auch die Blattunterseiten von der Spritzbrühe getroffen werden.
Mittel: Rosen-Schädlingsfrei Provado (Bayer), Schädlingsfrei Neem (Celaflor) oder Spruzit Schädlingsfrei und Neudosan Neu Blattlausfrei (Neudorff).

Spritzen

jan	feb	mär	apr	mai	jun	jul	aug	sep	okt	nov	dez

Gemeine Spinnmilbe (»Rote Spinne«)

Schadbild: Ab Anfang Juni treten auf den Blattoberseiten helle Sprenkelungen auf. Unter den Blättern findet man etwa stecknadelkopfgroße Milben, Larven und winzige Eier. Bei starkem Befall werden die Blätter blassgrün und mit einem feinen Gespinst überzogen. Später werden die Blattflächen braun und vertrocknen. Spinnmilben verbreiten sich vor allem bei trockener Luft. Sie überwintern als rotorange Tiere an geschützten Stellen in versponnenen Blättern.
Behandlung: Brennnesseln und andere Unkräuter werden im Frühjahr zuerst besiedelt. Daher sollten Sie das Unkraut sorgfältig entfernen. Bei Anfangsbefall können Sie an heißen Tagen im Sommer Raubmilben aussetzen. Bei starkem Befall kann eine Bekämpfung mit verschiedenen Spritzmitteln durchgeführt werden.
Mittel: Nützlinge: Raubmilben (Neudorff); zur Bekämpfung: Spruzit Schädlingsfrei (NW) und Neudosan Neu Blattlausfrei (Neudorff), Schädlingsfrei Naturen und Schädlingsfrei Hortex (Celaflor).

Spritzen
Nützlingseinsatz

jan	feb	mär	apr	mai	jun	jul	aug	sep	okt	nov	dez

Rosen-Blattwespe

Schadbild: In den Sommermonaten findet man auf den Blättern nacktschneckenähnliche, 6–10 mm große, gelblichgrüne Larven. Sie verursachen einen Fensterfraß, bei dem nur die Blattunterhaut stehen bleibt. Später trocknet das dünne Häutchen ein und fällt heraus. Der Zierwert befallener Pflanzen wird dadurch stark her-

abgesetzt. Die Larven überwintern im Boden. Im folgenden Mai schlüpfen dann glänzend schwarze Wespen, die wiederum mit der Eiablage auf den Oberseiten der Rosenblätter beginnen.
Behandlung: Wenn Sie den Befall früh entdecken, können Sie die Larven absammeln und vernichten. Bei starkem Befall eine Spritzbehandlung durchführen.
Mittel: Spruzit Käfer- und Raupenfrei (EW; Neudorff), Rosen-Schädlingsfrei Provado (NW; Bayer).

jan	feb	mär	apr	mai	jun	jul	aug	sep	okt	nov	dez

▭ Spritzen (jun, jul, aug)

Sternrußtau

Schadbild: Auf den Blattoberseiten entstehen unterschiedlich große, braunschwarze Flecken mit typisch strahlig auslaufendem Rand. Infizierte Blätter vergilben und fallen vorzeitig ab. Der Befall beginnt in Bodennähe und setzt sich nach oben hin fort. Erste Symptome können schon im April/Mai auftreten, die Hauptbefallszeit ist aber Juni/Juli. Die Krankheit verbreitet sich vor allem unter kühl-feuchten Witterungsbedingungen. Empfindliche Sorten haben im August schon keine Blätter mehr. Der Pilz überwintert auf dem Laub.
Behandlung: Achten Sie bei Neuanpflanzungen auf widerstandsfähige Sorten. Regelmäßige Schnittmaßnahmen fördern einen lockeren Pflanzenaufbau. Tau und Regen trocknen dadurch rasch ab, Pilzkrankheiten breiten sich nicht so schnell aus. Kehren Sie im Herbst das kranke Laub zusammen und entfernen Sie es, um Neuinfektionen zu vermeiden. Mit einem Pflanzenstärkungsmittel, das Sie ab Austriebsbeginn anwenden können, werden die Rosen widerstandsfähiger. Treten die ersten Symptome auf, können Sie mit mehreren Anwendungen eines Pilzbekämpfungsmittels den Krankheitsverlauf stoppen.
Mittel: Zur Pflanzenstärkung: NeudoVital Rosenpilz-Schutz (Neudorff); zur Bekämpfung: Rosenspritzmittel Baymat und Universal Pilzfrei Euparen (Bayer), Fungisan Rosen-Pilzfrei (NW; Neudorff), Pilzfrei Saprol (Celaflor).

jan	feb	mär	apr	mai	jun	jul	aug	sep	okt	nov	dez

▭ Spritzen (apr, mai, jun, jul, aug, sep)

Echter Mehltau

Schadbild: Blätter und Knospen werden von einem mehlartigen, weißen Belag überzogen. Auf den glatten Rosenblättern ist der Belag abwischbar. Mit fortschreitender Krankheit werden die Blätter braun und fallen ab, Blütenknospen öffnen sich nicht. Als »Schönwetterpilz« verbreitet sich der Echte Mehltau vor allem bei trockenem Sommerwetter. Die Krankheit überwintert an Trieben und in Knospen.
Behandlung: Bevorzugen Sie bei Neuanpflanzungen resistente Sorten. Wenn Sie die Rosen regelmäßig schneiden, entfernen Sie damit auch die überwinternden Befallsherde. Treten erste Symptome auf, schneiden Sie die betroffenen Stellen weg. Gleichzeitig können Sie ein Pflanzenstärkungsmittel einsetzen, das die pflanzeneigenen Abwehrkräfte mobilisiert. Bei jährlich mit Echtem Mehltau befallenen Rosen mehrere Behandlungen mit einem Pilzbekämpfungsmittel durchführen.
Mittel: Zur Pflanzenstärkung: Neudo-Vital Rosen-Pilzschutz (Neudorff); zur Bekämpfung: Netz-Schwefelit WG, Cueva Pilzfrei und Fungisan Rosen-Pilzfrei (NW; Neudorff), Universal-Pilzfrei Euparen und Rosenspritzmittel Baymat (Bayer), Mehltau-frei Kumulus und Ortiva Rosenpilzschutz (Compo).

Spritzen

jan	feb	mär	apr	mai	jun	jul	aug	sep	okt	nov	dez
				Spritzen	Spritzen	Spritzen	Spritzen	Spritzen			

Rosen-Rost

Schadbild: Ab Mai findet man auf den Blattoberseiten gelbliche bis rötliche Flecken. Zur gleichen Zeit entstehen auf der Blattunterseite stecknadelkopfgroße, orangerote Sporenlager. Bei starkem Befall werden die Blätter vorzeitig abgestoßen. Im Herbst ändert sich die Farbe der Sporen, und man findet in den Sporenlagern schwarze Sporen. Die Überwinterung der Pilzkrankheit erfolgt auf abgefallenem Laub und am Holz der Rosen.
Behandlung: Bevorzugen Sie bei Neuanpflanzungen widerstandsfähige Sorten. Regelmäßige Schnittmaßnahmen fördern einen lockeren Pflanzenaufbau. Tau und Regen trocknen rasch ab, Pilzkrankheiten breiten sich nicht so schnell aus. Aus dem gleichen Grund gießt man besser morgens als abends. Krankes Falllaub

sollten Sie entfernen und befallene Triebe zurückschneiden. Überwinternde Befallsherde werden damit beseitigt. Mit einem Pflanzenstärkungsmittel, das Sie ab Austriebsbeginn anwenden können, werden die Rosen widerstandsfähiger. Bei regelmäßig mit Rost befallenen Pflanzen können Sie vorbeugend oder spätestens ab Befallsbeginn pilzbekämpfende Mittel spritzen.
Mittel: Zur Pflanzenstärkung: Neudo-Vital Rosen-Pilzschutz (Neudorff); zur Bekämpfung: Rosenspritzmittel Baymat und Universal Pilzfrei Euparen (Bayer), Fungisan Rosen-Pilzfrei (Neudorff), und Ortiva Rosenpilzschutz (Compo).

jan	feb	mär	apr	mai	jun	jul	aug	sep	okt	nov	dez

Spritzen

Falscher Mehltau

Schadbild: Auf den Blattoberseiten entstehen bräunliche bis violette, scharf abgegrenzte Flecken. Bei kühl-feuchter Witterung erscheint zudem auf den Blattunterseiten ein spärlicher, grauweißer Schimmelrasen. Stark befallene Blätter vertrocknen und fallen vorzeitig ab. Unter feucht-kühlen Bedingungen verbreitet sich der Pilz sehr schnell. Er überwintert auf infizierten Blättern und Trieben.
Behandlung: Wie bei der Bekämpfung des Sternrußtaus (Weiteres siehe Seite 25) hilft es vorbeugend, wenn Sie widerstandsfähige Sorten wählen, die Pflanzen regelmäßig schneiden, nur morgens gießen und das befallenen Laub entfernen. Bei starkem Infektionsdruck können Sie mehrfach mit einem Pilzbekämpfungsmittel spritzen.
Mittel: Fungisan Rosen-Pilzfrei (Neudorff), Ortiva Rosenpilzschutz und Pilzfrei Polyram (Compo).

jan	feb	mär	apr	mai	jun	jul	aug	sep	okt	nov	dez

Spritzen

An meinen Rosen wachsen lange, gesund und kräftig aussehende Triebe. Leider bleiben diese ohne Blüten. Was kann ich tun?

Bei den wüchsigen, langen Trieben handelt es sich um **Wildtriebe**, die unterhalb der Veredelungsstelle aus der Rose herauswachsen. Wenn Sie die Edelsorte erhalten wollen, müssen Sie die Wildtriebe entfernen. Dazu legen Sie die Ansatzstelle des Triebes im Boden frei und reißen ihn ab. So können Sie ihn dauerhaft entfernen.

Mandelbäumchen *(Prunus triloba)*

An meinem Mandelbäumchen sind die Triebspitzen abgestorben. Die Blüten sind an den betroffenen Stellen eingetrocknet, aber nicht abgefallen. Ist das Bäumchen krank?

Ja, wahrscheinlich hat die *Monilia*-Spitzendürre ihr Mandelbäumchen befallen. Nach feuchten Blühperioden breitet sich die Krankheit, die über die Blüten infiziert, stark aus. Auch Kirschen und Äpfel können sich anstecken. Um eine weitere Ausbreitung zu verhindern, sollten Sie kranke Pflanzenteile bis weit ins gesunde Holz wegschneiden und vernichten. Im nächsten Jahr können Sie das Bäumchen während der Blütezeit mit einem Pflanzenstärkungsmittel oder einem Pilzbekämpfungsmittel behandeln.

Robinie, Akazie *(Robinia pseudoacacia)*

Robinien-Miniermotte

Schadbild: Blattoberseits erkennt man relativ unscheinbare Sprenkelungen, blattunterseits auffällige, silberweiße rundliche Aufhellungen. Sie entstehen durch Larven, die sich unter die Blattunterhaut gefressen haben. Der Schädling überwintert als Motte in Verstecken oder als Larve-/Puppe in den Blattminen.
Behandlung: Kehren Sie im Herbst die Blätter zusammen und beseitigen Sie diese. Die Vitalität der Bäume wird in der Regel durch den Befall nicht geschwächt, allein der Zierwert leidet. Bei einem starken Befall können Sie zur Zeit der Eiablage im Mai auf ein Pflanzenschutzmittel zurückgreifen.
Mittel: Universal-Schädlingsfrei Provado (Bayer).

Spritzen

jan	feb	mär	apr	mai	jun	jul	aug	sep	okt	nov	dez

Bei unseren Kugel-Akazien wimmelt es im Bodenbereich vor rot-schwarzen Käfern. Sind diese schädlich?

Bei den auffällig gefärbten Tieren handelt es sich um Feuerwanzen. Sie treten oft in größeren Ansammlungen auf. Feuerwanzen sind keine Pflanzenschädlinge, sie saugen vorzugsweise an Samen und toten Insekten. Aus Sicht des Pflanzenschutzes ist keine Bekämpfung notwendig. Treten die Feuerwanzen auch im Wohnbereich auf, können sie mit Insektenspray beseitigt werden.

Schneeball *(Viburnum-Arten)*

Schneeball-Blattkäfer

Schadbild: Etwa ab Mitte Mai fressen an den Blättern verschiedener Schneeball-Arten bis zu 10 mm große, gelbliche Raupen, die mit schwarzen Warzen überzogen sind. Die Blätter werden stark durchlöchert, manchmal bleiben nur die Blattrippen stehen. Ab Juli findet man zusätzlich 4–6 mm große, hellbraune Käfer, die ebenfalls Fraßschäden verursachen. Im Herbst legen die Käfer zur Überwinterung Eier, die sie an den Zweigen festkitten. Aus den Eiern schlüpfen im folgenden Mai Larven der nächsten Generation.
Behandlung: An den unbelaubten Zweigen können Sie die Eier gut erkennen. Schneiden Sie die befallenen Triebe weg. Da der Befall und der damit einhergehende Schaden oft recht groß ist, sollten Sie ab Befallsbeginn ein Spritzmittel ausbringen.
Mittel: Spruzit Käfer- und Raupenfrei (EW; Neudorff).

jan	feb	mär	apr	mai	jun	jul	aug	sep	okt	nov	dez

Spritzen

Ulme *(Ulmus-Arten)*

Ulmen-Gallmilbe

Schadbild: Die Blattoberseiten sind von sehr kleinen, pockenartigen Gallen überzogen. Oft sind ganze Astpartien befallen. In den Gallen leben winzige Milben, die an den Blättern saugen. Die Überwinterung erfolgt in Knospen und Rindenritzen. Das Pflanzenwachstum wird nur bei starkem Befall beeinträchtigt.
Behandlung: Schneiden Sie die befallenen Blätter und Zweigpartien weg. In der Regel sind keine weiteren Maßnahmen nötig. Bei sehr starkem Befall können Sie während des nächsten Austriebs im Frühjahr eine Spritzbehandlung vornehmen.
Mittel: Netz-Schwefelit WG (NW; Neudorff).

jan	feb	mär	apr	mai	jun	jul	aug	sep	okt	nov	dez

Spritzen

Ulmen-Blasenlaus

Schadbild: Auf den Blattoberseiten bilden sich im Frühjahr etwa 15 mm große, bohnenförmige Gallen. In den Gallen saugen kleine, mit Wachwolle überzogene Läuse. Im Sommer verlassen die Läuse die Gallen durch eine deutlich sichtbare seitliche Öffnung und besiedeln als Wurzelläuse Gräser und Getreide. Die Gallen werden dann braun und vertrocknen. Im Herbst kehren die Läuse auf die Ulmen zurück und legen ihre Wintereier in Rindenritzen. Die Vitalität der Ulmen leidet in der Regel nicht unter diesem Schädling.
Behandlung: Schneiden Sie die befallenen Blätter ab und vernichten Sie sie. In der Regel sind keine weiteren Maßnahmen nötig. Bei sehr starkem Befall können Sie vor dem nächsten Austrieb im Frühjahr eine Austriebsspritzung vornehmen.
Mittel: Austriebsspritzmittel Oliocin (NW; Bayer), Promanal Austriebsspritzmittel (NW; Neudorff), Austrieb-Spritzmittel (NW; Compo).

Austriebsspritzung

jan	feb	mär	apr	mai	jun	jul	aug	sep	okt	nov	dez

Weide *(Salix*-Arten)

Weiden-Rost

Schadbild: Im Sommer entstehen auf den Blattoberseiten kleine gelbe Flecken, auf den Blattunterseiten fallen ausgeprägte orangegelbe Sporenlager auf. Bei starkem Befall und feuchten Witterungsbedingungen vergilben die Blätter, und es kommt zu vorzeitigem Blattfall. Die Krankheit überwintert auf den kranken Blättern und infiziert im Frühjahr zuerst verschiedene andere Pflanzen. Im Sommer kehren die Pilzsporen dann wieder auf die Weide zurück.
Behandlung: Kehren Sie die abgefallenen Blätter zusammen und beseitigen Sie sie. So vermindern Sie den Befallsdruck im nächsten Jahr. Erfahrungsgemäß gefährdete Weiden können Sie vorbeugend mit einem Pflanzenstärkungsmittel oder mit Pilzbekämpfungsmitteln behandeln.

Mittel: Zur Pflanzenstärkung: Neudo-Vital Rosen-Pilzschutz (Neudorff); zur Bekämpfung: Fungisan Rosen-Pilzfrei (Neudorff), Saprol Pilzfrei (Celaflor), Pilzfrei Polyram und Ortiva Rosenpilzschutz (Compo).

jan	feb	mär	apr	mai	jun	jul	aug	sep	okt	nov	dez
				(Spritzen)	(Spritzen)	(Spritzen)	(Spritzen)	(Spritzen)			

Spritzen

Buchsbaum *(Buxus*-Arten und -Sorten)

Buchsbaum-Blattfloh

Schadbild: An den Triebspitzenblättern saugen 3–5 mm lange grünliche Flöhe und deren gelbgrüne Larven. Die erwachsenen Tiere haben Sprungbeine und hüpfen bei Berührung weg. Die Larven sind von weißen Wachsausscheidungen bedeckt. Befallene Blätter rollen sich nach oben ein, was zu der typischen »Löffelblättrigkeit« führt (siehe Bild). Durch die Honigtauausscheidungen der Tiere werden Ameisen angelockt. Es siedeln sich Schwärzepilze an, die die Pflanzen schwächen und deren Zierwert stark reduzieren. In den Sommermonaten legen die Flöhe Eier in die Knospenschuppen. Die daraus schlüpfenden Larven überwintern geschützt in den Wachsausscheidungen und wandern im Frühjahr auf den jungen Austrieb.

Behandlung: Schneiden Sie im Spätsommer oder Herbst die befallenen Triebspitzen kräftig zurück und beseitigen Sie das Schnittgut. Bei starkem Befall im Vorjahr können Sie im März, vor dem Austrieb, eine Austriebsspritzung vornehmen. Die Larven können Sie mit verschiedenen Insektiziden bekämpfen.

Mittel: Austriebs-Spritzmittel (NW; Compo), Promanal Austriebsspritzmittel (NW; Neudorff), Austriebsspritzmittel Oliocin (NW; Bayer); zur Bekämpfung: Spruzit Schädlingsfrei und Neudosan Neu Blattlausfrei (Neudorff), Rosen-Schädlingsfrei Provado (Bayer), Schädlingsfrei Naturen (NW; Celaflor), Schädlings-frei plus (Compo).

jan	feb	mär	apr	mai	jun	jul	aug	sep	okt	nov	dez
		(Austriebsspritzung)		(Spritzen)	(Spritzen)	(Spritzen)	(Spritzen)				

Spritzen
Austriebsspritzung

Gemeine Spinnmilbe

Ab Anfang Juni treten auf den Blattoberseiten helle Sprenkelungen auf. Unter den Blättern findet man etwa stecknadelkopfgroße Milben, Larven und winzige Eier.
Weiteres siehe Seite 24.

Volutella-Zweigsterben

Schadbild: Die Krankheit befällt Blätter und Triebe. Die Blätter färben sich fahlgrün und vertrocknen schließlich. Auf den Blattunterseiten bildet sich ein hellrosa- bis apricotfarbener Sporenbelag. Infizierte Triebe sterben ab. Bei starkem Befall und an älteren Pflanzen treten Krebswunden auf, wobei die Rinde reißt und abblättert. Gefördert wird die Krankheit, die auch Buchsbaumkrebs genannt wird, durch lang anhaltende Feuchtigkeit, wie sie besonders in dichten, schattigen Pflanzungen vorkommt. Der Pilz überwintert am befallenen Laub.
Behandlung: Schneiden Sie befallene Triebe bis ins gesunde Holz zurück und entfernen Sie das abgefallene Laub. Vermeiden Sie Pflege- und Schnittarbeiten in einem noch feuchten Bestand. Bei starkem Befall können Sie mit einem Pilzbekämpfungsmittel spritzen.
Mittel: Gemüsepilzfrei Polyram WG (Celaflor).

Spritzen	jan	feb	mär	apr	mai	jun	jul	aug	sep	okt	nov	dez
					▭	▭	▭	▭	▭			

Blattflecken und Triebsterben

Schadbild: Auf den Blättern entstehen Flecken, die bei fortschreitender Krankheit zusammenfließen. Sind jüngere Blätter betroffen, sind die Flecken orangebraun mit einem dunklen Rand. Ältere Blätter sind dunkelbraun gefleckt. An infizierten Trieben sind dunkle, fast schwarze Streifen erkennbar, die sich von unten nach oben weiter ausdehnen. Blätter und Triebe sterben schließlich ab. Der Pilz benötigt anhaltende Feuchtigkeit zur Weiterverbreitung. Er kann Dauersporen bilden, die mehrere Jahre keimfähig bleiben.

Behandlung: Schneiden Sie befallene Triebe bis ins gesunde Holz zurück und entfernen Sie das abgefallene Laub. Vermeiden Sie Pflege- und Schnittarbeiten in einem noch feuchten Bestand. Da sich die Pilzkrankheit erst seit kurzer Zeit auf Buchsbaum ausbreitet, gibt es z. Zt. noch keine Pflanzenschutzmittelempfehlung.

jan	feb	mär	apr	**mai**	**jun**	**jul**	**aug**	**sep**	okt	nov	dez

Vor einer Woche habe ich meine Buchsbaumhecke geschnitten. Jetzt sind die obersten Blätter ganz hell und die Blattränder sind braun. Was habe ich falsch gemacht?

Die oberen Blätter Ihrer Buchsbaumhecke haben offenbar einen **Sonnenbrand** erlitten. Werden die lichtgeschützten, inneren Blätter nach dem Schnitt plötzlich der direkten Sonne ausgesetzt, reagieren sie empfindlich. Schneiden Sie Ihre Buchsbaumhecke daher nur an bewölkten Tagen. Tritt der Sonnenbrand auf, müssen Sie aber keine weiteren Maßnahmen ergreifen, denn die Schäden verschwinden nach einiger Zeit wieder von selbst.

Seit einigen Wochen hat mein Buchsbaum hellgelbe Triebe bekommen. Ist dies ein Zeichen von Nährstoffmangel?

Sie brauchen sich um ihren Buchsbaum keine großen Sorgen zu machen. Die neuen Austriebe am Buchsbaum sind anfangs immer hellgelb, dunkeln aber später nach. Sie brauchen ihren Buchsbaum nicht noch einmal extra zu düngen.

Kirschlorbeer *(Prunus laurocerasus)*

Schrotschusskrankheit

Schadbild: Im zeitigen Frühjahr zeigen sich auf den Blättern kleine, rote Flecken. Das Gewebe in den Flecken stirbt ab und fällt heraus. Es entstehen die typischen Schrotschusslöcher. Das Laub, vor allem der unteren Strauchpartien, fällt ab. Im Sommer werden die jungen Triebe infiziert. Es bilden sich eingesunkene Flecken, häufig mit einem Harztropfen in der Mitte. Die Krankheitserreger überwintern an den befallenen Trieben und Blättern.

Behandlung: Schneiden Sie kranke Triebe im Winter bis ins gesunde Holz zurück. Heruntergefallenes Laub entfernen Sie am besten vor dem Winter. Gefährdete Sträucher können Sie bei sehr feuchtem Wetter während der Austriebsphase mehrmals mit einem Spritzmittel gegen Pilzkrankheiten behandeln.
Mittel: Kupferkalk Cupravit (NW; Bayer), Kupferkalk Atempo (NW) und Fungisan Rosen-Pilzfrei (NW; Neudorff), Ortiva-Rosenpilzschutz (NW; Compo).

Spritzen	jan	feb	mär	apr	mai	jun	jul	aug	sep	okt	nov	dez

Blattfleckenpilze

Schadbild: Auf den Blättern entstehen braune Flecken in verschiedenen Größen. Die Flecken trocknen ein und das Gewebe fällt heraus, sodass die Blätter löchrig erscheinen. Dies vermittelt oft den Eindruck eines Fraßschadens. Blattfleckenerkrankungen treten vorwiegend bei Pflanzen auf, die durch unterschiedliche Einflüsse, z.B. falsche Standortwahl, geschwächt sind. Die Krankheit überwintert auf den heruntergefallenen Blättern. Das Schadbild kann von verschiedenen Pilzen hervorgerufen werden, die sich aber in ihrer Bekämpfung nicht unterscheiden.
Behandlung: Kehren Sie das heruntergefallene Laub zusammen und vernichten Sie es. Finden Sie auch auf den Trieben befallene Stellen, schneiden Sie diese im Winter weg. Bei erfahrungsgemäß starkem Infektionsdruck können Sie ab dem Auftreten der ersten Symptome mit einem Pilzbekämpfungsmittel behandeln.
Mittel: Fungisan Rosen-Pilzfrei (NW; Neudorff), Ortiva Rosenpilzschutz (NW) und Pilzfrei Polyram (NW; Compo), Universal-Pilzfrei Euparen (NW) und Rosenspritzmittel Baymat (NW; Bayer).

Spritzen	jan	feb	mär	apr	mai	jun	jul	aug	sep	okt	nov	dez

Eisenmangel

Die Blätter vergilben, wobei die Blattadern grün bleiben. Betroffen sind zuerst die jüngsten Blätter. Die Pflanzen bleiben im Wachstum zurück. Weiteres siehe Seite 22.

Die Blätter an unserer Kirschlorbeerhecke werden immer heller. Kann ich mit dem Rindenmulch, den ich vor kurzem unter den Pflanzen ausgebracht habe, eine Krankheit übertragen haben?

Die Wahrscheinlichkeit einer Krankheitsübertragung durch Rindenmulch ist sehr gering. Wahrscheinlicher ist es, dass Ihre Hecke unter einem Stickstoffmangel leidet. Rindenmulch wird durch Mikroorganismen laufend zersetzt. Für diese Tätigkeit brauchen die Organismen Stickstoff, den sie dem Boden entziehen. Der Hecke fehlt dieser Stickstoff, sie bekommt Mangelsymptome. Düngen Sie die Pflanzen und die hellgrünen Blätter sind bald wieder dunkler.

Rhododendron und Azalee

(*Rhododendron*-Arten und -Sorten)

Rhododendron-Zikade

Schadbild: Auf den Blättern sind vereinzelt helle Blattsprenkelungen zu erkennen. Unter den Blättern saugen ab Mai/Juni gelbliche Zikadenlarven. Von Juli bis September findet man auch die etwa 1 cm großen, grünen, mit einem deutlich orangefarbenen Streifen versehenen, erwachsenen Tiere. Weiterhin sind die weißen Häutungsreste der Tiere auffällig. Zikaden sind in allen Stadien sehr beweglich und springen bei Störung sofort auf. Während die Saugschäden vernachlässigbar sind, richten die Tiere großen Schaden durch die Verbreitung des Knospensterbens an (siehe Seite 36). Die Weibchen legen im September Eier in oder an die Knospen, wobei die Pilzsporen mit übertragen werden.
Behandlung: Mit dem Aufhängen von beleimten Gelbtafeln an Stäben unmittelbar über dem Rhododendron können Sie erste auftretende Zikaden abfangen. Sollte der Befall stärker werden, können Sie direkte Spritzmaßnahmen durchführen. Wichtig ist es, dass Sie diese noch vor der Eiablage, also spätestens im August, durchführen.
Mittel: Spruzit Schädlingsfrei (Neudorff), Schädlings-frei plus (Compo), Universal Schädlingsfrei Provado (Bayer), Schädlingsfrei Neem (Celaflor).

jan	feb	mär	apr	mai	jun	jul	aug	sep	okt	nov	dez

Spritzen: mai, jun, jul, aug

Dickmaulrüssler

An den Blättern betroffener Pflanzen entsteht im April/Mai ein buchtenförmiger Blattrandfraß durch den erwachsenen Käfer. Später welken stark befallene Pflanzen und sterben schließlich ab. Weiteres Siehe Seite 20/21.

Netzwanzen

Schadbild: Unter trocken-warmen Bedingungen zeigen sich etwa ab Mai helle Sprenkelungen auf den Blättern. Anfangs befinden sich die Flecken nur entlang der Hauptader, später sind sie über die gesamte Blattfläche verteilt. An den Blattunterseiten saugen 1–2 mm große, flügellose, gelbliche Larven, die später dunkle Flecken bekommen. Erwachsene Wanzen treten ab Juli in Erscheinung. Stark befallene Blätter rollen sich ein und vertrocknen. Von August bis Oktober legen die Weibchen die überwinternden Eier entlang der Mittelrippe ab und bedecken sie mit Kot.
Behandlung: Anfangs genügt es, wenn Sie die befallenen Blätter abpflücken und vernichten. Sollte sich der Befall dennoch ausbreiten, können Sie Spritzmaßnahmen durchführen. Achten Sie darauf, dass besonders die Blattunterseiten mit der Spritzbrühe benetzt werden.
Mittel: Schädlings-frei plus (Compo), Spruzit Schädlingsfrei (Neudorff), Universal-Schädlingsfreí Provado (Bayer).

Spritzen

jan	feb	mär	apr	mai	jun	jul	aug	sep	okt	nov	dez

Knospensterben

Schadbild: Die befallenen Blütenknospen sind bräunlich gefärbt, eingetrocknet und öffnen sich im Frühjahr nicht. Sie sterben ab, bleiben aber auf den Zweigen sitzen. Die Knospen werden von schwarzen Sporenlagern des Pilzes überzogen, die aussehen wie kleine Stacheln. Besonders betroffen sind die großblumigen *Rhododendron*-Arten, vor allem unter ungünstigen Wachstumsbedingungen. Der Pilz tritt oft parallel mit der Rhododendron-Zikade auf, die diese Krankheit überträgt.

Behandlung: Brechen Sie die befallenen Knospen aus. Überprüfen Sie den pH-Wert des Bodens und optimieren Sie die Nährstoffversorgung der betroffenen Pflanzen. Weiterhin ist es wichtig, dass Sie ihre Pflanzen auf einen Befall mit der Rhododendron-Zikade untersuchen und diese dann gegebenenfalls bekämpfen (Weiteres siehe Seite 35).

jan	feb	mär	apr	mai	jun	jul	aug	sep	okt	nov	dez

Eisenmangel

Die Blätter vergilben, wobei die Blattadern grün bleiben. Betroffen sind zuerst die jüngsten Blätter. Die Pflanzen bleiben im Wachstum zurück.
Weiteres siehe Seite 22.

Blattfleckenpilze

Schadbild: Auf den Blättern entstehen braune bis aschgraue Flecken in verschiedenen Größen. Zum Teil sind die Flecken mit einem dunklen oder rötlichen Rand versehen. Blattfleckenerkrankungen treten vorwiegend bei Pflanzen auf, die durch unterschiedliche Einflüsse, z. B. falsche Standortwahl, geschwächt sind. Die Krankheit überwintert auf den heruntergefallenen Blättern. Das Schadbild kann von verschiedenen Pilzen hervorgerufen werden, die sich in ihrem Erscheinungsbild, aber nicht in ihrer Bekämpfung unterscheiden.
Behandlung: Kehren Sie das heruntergefallene Laub zusammen und vernichten Sie es. Finden Sie auch auf den Trieben befallene Stellen, schneiden Sie diese im Winter weg. Bei starkem Infektionsdruck können Sie ab dem Auftreten der ersten Symptome mit einem Pilzbekämpfungsmittel behandeln.
Mittel: Fungisan Rosen-Pilzfrei (NW; Neudorff), Pilzfrei Polyram (NW; Compo), Rosenspritzmittel Baymat (NW; Bayer), Rosenpilzfrei Saprol (NW; Celaflor).

jan	feb	mär	apr	mai	jun	jul	aug	sep	okt	nov	dez

Spritzen

Rhododendron-Zweigsterben

Schadbild: Von den Triebspitzen ausgehend, bilden sich auf der Rinde runzelige und trockene Stellen. Die Zweige sterben ab. Am älteren Holz kommt die Fäulnis meistens zum Stehen. Auch auf den Blättern zeigen sich Symptome: Sie verlieren ihren Glanz, rollen sich ein, werden entlang der Mittelrippe braun und fallen schließlich ab.
Behandlung: Schneiden Sie befallene Triebe ab und vernichten diese. Um die Ausbreitung der Krankheit zu unterbinden, können Sie mit einem kupferhaltigen Pilzbekämpfungsmittel spritzen.
Mittel: Kupferkalk Atempo (NW; Neudorff).

▭ Spritzen

jan	feb	mär	apr	mai	jun	jul	aug	sep	okt	nov	dez
			▭	▭	▭						

An meinen Freiland-Azaleen sehen einzelne Blätter fleischig-dick aufgetrieben aus. Sie haben ihre grüne Farbe verloren und sind fast weiß. Handelt es sich dabei um eine Art Krebs?

Ihre Azaleen sind von der so genannten **»Ohrläppchenkrankheit«** befallen. Die Pilzkrankheit wächst im Inneren der Azaleen und verursacht die fleischigen Deformationen. Neben den Blättern können auch Blüten und ganze Triebspitzen infiziert werden. Im Hausgarten reicht es aus, wenn sie die befallenen Pflanzenteilen abschneiden und beseitigen. Bei Neuanpflanzungen können sie auf wurzelechte Sorten zurückgreifen, die weniger empfindlich sind als die veredelten.

Stechpalme *(Ilex*-Arten)

Ilex-Minierfliege

Schadbild: Im Juni/Juli findet man auf den Oberseiten der befallenen Blätter ausgefressene Gänge entlang der Mittelrippe. Die Larve wandert dann im August/September auch in die Blattspreite ein und verursacht dort deutlich sichtbare, blasige Miniergänge. In den Gängen befindet sich eine helle, fußlose Larve mit braunem Kopf. Die Überwinterung erfolgt in den Blattminen, die Fliegen schlüpfen dann nach einem Puppenstadium im Frühjahr etwa im Mai.

Behandlung: Bei geringem Befall können Sie den Winter über die befallenen Blätter abpflücken und vernichten. In der Regel reicht diese Maßnahme im Hausgarten aus. Sollte der Befall jährlich übermäßig stark sein, können Sie eine Insektizidbehandlung durchführen. Bekämpfen lassen sich dabei die erwachsenen Minierfliegen, die im Mai/Juni fliegen und ihre Eier an den Blättern ablegen.
Mittel: Universal-Schädlingsfrei Provado (NW; Bayer).

jan	feb	mär	apr	mai	jun	jul	aug	sep	okt	nov	dez

Spritzen

Zwergmispel *(Cotoneaster*-Arten)

Feuerbrand

Schadbild: Bakterielle Krankheit, durch die Blüten, Blätter und Triebspitzen braun-schwarz gefärbt, wie verbrannt aussehen. Die infizierten Triebspitzen sind hakenförmig herabgebogen. Die Blätter befallener Triebe werden nicht abgeworfen. Bei Feuchtigkeit werden Schleimtröpfchen auf den befallenen Stellen sichtbar.
Behandlung: Meldepflichtige Krankheit - dem Ordnungsamt oder Pflanzenschutzamt anzeigen! Befallene Pflanzenteile sollten Sie bis weit in das gesunde Holz zurückschneiden, stark befallene Pflanzen komplett roden. Eine direkte Bekämpfung mit Pflanzenschutzmitteln ist nicht möglich.

Eibe *(Taxus*-Arten)

Dickmaulrüssler

An den Blättern betroffener Pflanzen entsteht im April/Mai ein buchtenförmiger Fraß an den Nadeln. Einzelne Zweigspitzen verbräunen, weil die Käfer an der Rinde nagen. Larven fressen an Wurzeln und Wurzelhals und verursachen Welkeschäden.Weiteres siehe Seite 20.

Schildläuse

Schadbild: An den Nadeln und Trieben saugen Läuse, die am Rücken 3-6 mm große, braune, napfartige Schilde tragen. Die Läuse scheiden klebrigen Honigtau aus, auf dem sich schwarze Rußtaupilze ansiedeln. Die Nadeln vergilben, und bei starkem Befall können ganze Zweigpartien absterben. Die unbeweglichen Weibchen legen ihre Eier unter den Schilden ab. Die Larven schlüpfen im Juni/Juli und besiedeln weitere Nadeln und Triebe. Im nächsten Frühjahr setzt dann wieder die Ausprägung der Schilde ein, unter denen wiederum Eier abgelegt werden.
Behandlung: Bei Anfangsbefall genügt es, wenn Sie die besiedelten Triebe wegschneiden und vernichten. Sind die Pflanzen stärker befallen, können Sie eine Spritzbehandlung durchführen. Diese ist insbesondere gegen die jungen, beweglichen Larven wirksam, im Juli/August oder im März/April als Austriebsspritzung.
Mittel: Austrieb-Spritzmittel (Compo), Promanal Austriebsspritzmittel (Neudorff), Austriebsspritzmittel Oliocin (Bayer). Im Sommer: Schädlingsfrei plus (Compo), Spruzit Schädlingsfrei (Neudorff), Schädlingsfrei Naturen (Celaflor).

▭ Spritzen

jan	feb	mär	apr	mai	jun	jul	aug	sep	okt	nov	dez
			▭	▭	▭	▭	▭				

Fichte *(Picea*-Arten)

Sitkafichtenlaus

Schadbild: Schon sehr früh im Jahr saugen an den älteren Nadeln etwa 1,5 mm große, grüne Läuse mit roten Augen. Die Nadeln vergilben, werden zunehmend braun und fallen ab. Die Bäume verkahlen von innen her. Der Neuaustrieb im Mai bleibt befallsfrei. Besonders stark ist der Befall nach milden Wintern. Die Schädlinge überwintern im Eistadium, in milden Wintern auch als erwachsenes Tier. Nach einer massenhaften Verbreitung im

Frühjahr verlassen die Läuse die Fichte im Juni/Juli. Besonders betroffen sind Sitka- und Blaufichten.
Behandlung: Sehr stark geschädigte Bäume regenerieren sich nicht wieder. Darum ist es sinnvoll, dass Sie bei Befall möglichst früh eine Spritzbehandlung durchführen. Um den Befall festzustellen, nehmen Sie ab Ende Januar eine Klopfprobe vor: Halten Sie ein DIN-A4 großes, weißes Papier in das Innere der Bäume und klopfen und schütteln Sie an den Zweigen. Fallen an mehreren Stellen mehr als 5 Läuse auf das Papier, ist eine Bekämpfung ratsam.
Mittel: Neudosan Neu Blattlausfrei und Spruzit Schädlingsfrei (Neudorff), Schädlingsfrei Naturen und Schädlingsfrei Neem (Celaflor), Universal Schädlingsfrei Provado (Bayer), Schädlingsfrei plus (Compo).

jan	feb	mär	apr	mai	jun	jul	aug	sep	okt	nov	dez

Spritzen

Fichten-Gallenläuse

Schadbild: An den Triebspitzen oder an deren Basis bilden sich im Frühjahr 1–2 cm große, grüne, ananasförmige Gallen (siehe Bild). Später werden die Gallen braun und vertrocknen. Die frischen Austriebe der Fichten deformieren und sterben manchmal sogar ab. Der Schädling überwintert an den Fichtenknospen und beginnt im Frühjahr mit der Saugtätigkeit. Dadurch wird die Bildung der Gallen ausgelöst, in die sich die Läuse einnisten. Im Sommer öffnen sich die Gallen und werden von den Läusen verlassen. Je nach Art bleiben die Tiere auf den Fichten oder wandern auf Lärchenbäume ab. Dort entwickeln sie sich als Wollläuse weiter und kehren erst im folgenden Jahr auf die Fichten zurück.
Behandlung: Brechen Sie die Gallen aus und vernichten Sie sie, bevor die Läuse sie im Sommer verlassen. In der Regel sind keine weiteren Maßnahmen notwendig. Bei einem starken Vorjahresbefall können sie eine Austriebsspritzung vornehmen.
Mittel: Austrieb-Spritzmittel (NW; Compo), Promanal Austriebsspritzmittel (NW; Neudorff), Austriebsspritzmittel Oliocin (NW; Bayer).

jan	feb	mär	apr	mai	jun	jul	aug	sep	okt	nov	dez

Austriebsspritzung

Nadelholz-Spinnmilbe

Schadbild: An den Nadeln saugen winzig kleine, rotbraune Milben und deren gelbe Larven. Die Nadeln zeigen anfangs helle, nadelstichartige Flecken, später werden sie trocken und braun. Bei starkem Befall werden die Triebe mit einem feinen Gespinst überzogen. Spinnmilben verbreiten sich vor allem bei anhaltend warmer und trockener Luft. Sie legen Eier und bilden im Sommer mehrere Generationen. Im Herbst werden dann die zwiebelförmigen, roten Wintereier in Rindenritzen und Knospenschuppen abgelegt.
Behandlung: Sorgen Sie in der heißen Jahreszeit für eine optimale Wasser- und Nährstoffversorgung, denn geschwächten Pflanzen setzt der Spinnmilbenbefall besonders zu. Bei einem Vorjahresbefall oder wenn Sie im Winter Spinnmilbeneier entdecken, können Sie früh im Jahr eine Austriebsspritzung vornehmen. Damit werden schon die Eier der Schädlinge vernichtet. In der Vegetationsperiode haben sich verschiedene Spritzmittel bewährt.
Mittel: Promanal Austriebsspritzmittel (Neudorff), Austrieb-Spritzmittel (Compo), Austriebsspritzmittel Oliocin (Bayer), Spruzit Schädlingsfrei und Neudosan Neu Blattlausfrei (Neudorff), Schädlingsfrei Naturen, Schädlingsfrei Hortex und Schädlingsfrei Neem (Celaflor), Schädlings-frei plus (Compo).

Spritzen
Austriebsspritzung

jan	feb	mär	apr	mai	jun	jul	aug	sep	okt	nov	dez

Streusalzschäden

An Straßen, Plätzen und Hauseingängen trocknen die Nadeln betroffener Pflanzen vom Rand her ein. Weiteres siehe S. 22.

An unserer Fichte wachsen am Fuß des Stammes gelblich-braune Pilze aus der Rinde heraus. Die Rinde ist aufgeplatzt und man kann dahinter ein weißes Geflecht erkennen. Ist der Baum gefährdet?

Ihre Fichte ist mit einem **Hallimasch**-Pilz infiziert. Dieser Pilz lebt in der Regel auf Totholz, kann aber auch auf geschwächte Pflanzen übergreifen. Der Schadpilz verbreitet sich über Pilzstränge, die sich im Boden befinden. Im Baum wächst er zwischen Holzkörper und Rinde und bildet dort das weiße Pilzgeflecht. Im Herbst werden die gelb-braunen Fruchtkörper gebildet. Ist die Pflanze befallen, kann sie nicht mehr gerettet werden. Sie sollten die Fichte umgehend entfernen.

Scheinzypresse *(Chamaecyparis*-Arten und -Sorten)

Miniermotte

Triebspitzen verbräunen und sterben schließlich ab. Im Gegenlicht sind die Fraßgänge mit den Larven, die Bohrlöcher und Kotkrümel deutlich zu erkennen. Weiteres siehe Seite 44.

Wurzelpilze

Schadbild: Zunächst erscheinen die Nadeln fahlgrün, anschließend wird die gesamte Pflanze relativ schnell braun. In einer Hecke werden auch die benachbarten Pflanzen angesteckt. Weiteres siehe Seite 45.

Trieb- und Zweigsterben *(Kabatina)*

Schadbild: Einzelne Triebspitzen verbräunen im Frühjahr und sterben anschließend von der Spitze her ab. Bei einem starken Befall verkahlen die Pflanzen somit von außen nach innen. Auf den abgestorbenen Triebpartien befinden sich winzig kleine schwarze Punkte, mit einer Lupe deutlich zu erkennen. Aus diesen Fruchtkörpern werden bei ausreichender Feuchtigkeit Sporen freigesetzt, die die Krankheit weiter verbreiten. Die Pilzkrankheit greift vorwiegend geschwächte Pflanzen an. Betroffen sind auch Wacholder und Lebensbaum.
Behandlung: Schneiden Sie die betroffenen Zweige bis ins gesunde Holz zurück und vernichten Sie das Schnittgut. Überprüfen Sie die Wachstumsbedingungen der Pflanzen, vor allem die Nährstoffversorgung. Oft wird eine Schwächung der Pflanzen durch Kalk- und Magnesiummangel bedingt. Bei erfahrungsgemäß starkem Befallsdruck können Sie die Pflanzen mit Pilzbekämpfungsmitteln vorbeugend spritzen.
Mittel: Pilz-frei Polyram WG (NW) und Ortiva Rosen-Pilzschutz (NW; Compo), Fungisan Rosen-Pilzfrei (NW; Neudorff).

jan	feb	mär	apr	mai	jun	jul	aug	sep	okt	nov	dez

Spritzen: mai, jun

Streusalzschäden

An Straßen, Plätzen und Hauseingängen trocknen die Nadeln betroffener Pflanzen vom Rand her ein. Weiteres siehe Seite 22.

Lebensbaum *(Thuja*-Arten und -Sorten)

Miniermotte

Schadbild: Ab Mai vergilben einzelne Schuppenblätter, später verbräunen die darüber liegenden Triebspitzen und sterben schließlich ab. Verursacht wird der Schaden durch die Larven der Miniermotte, die sich in die Triebe bohren und dort Gänge fressen. Die Larve verpuppt sich in den Minengängen. Mitte Juni bis Juli treten die Motten in Erscheinung, die ihre Eier wiederum an den Triebspitzen ablegen. Im Gegenlicht sind die Fraßgänge mit Larven, Bohrlöchern und Kotkrümeln deutlich zu erkennen.
Behandlung: Schneiden Sie die betroffenen Zweige bis ins gesunde Holz zurück und vernichten Sie das Schnittgut. Bei einem starken Befall können Sie während des Falterfluges auch eine chemische Bekämpfung in Erwägung ziehen.
Mittel: Insektenspritzmittel Roxion (NW) und Schädlingsfrei Neem (NW; Celaflor).

▭ Spritzen

jan	feb	mär	apr	mai	jun	jul	aug	sep	okt	nov	dez

Schildläuse

An den Nadeln und Trieben saugen Läuse mit 3–6 mm großen, braunen, napfartigen Schilden. Weiteres siehe Seite 40.

Trieb- und Zweigsterben *(Kabatina)*

Schadbild: Einzelne Triebspitzen verbräunen im Frühjahr und sterben anschließend von der Spitze her ab.
Weiteres siehe Seite 43.

Streusalzschäden

An Straßen, Plätzen und Hauseingängen trocknen die Nadeln betroffener Pflanzen vom Rand her ein.
Weiteres siehe Seite 22.

Wurzelpilze

Schadbild: Zunächst erscheinen die Nadeln fahlgrün, anschließend wird die gesamte Pflanze relativ schnell braun. In einer Hecke werden auch die benachbarten Pflanzen angesteckt. Die Erkrankung wird von verschiedenen Bodenpilzen ausgelöst, die die Wurzeln und die unteren Teile des Stammes befallen. Die Wurzeln werden braun und weich, Leitbündel und Gefäße zerstört. Durch den entstehenden Wassermangel stirbt die Pflanze ab. Die Pilze überdauern im Boden.
Behandlung: Roden Sie befallene Pflanzen und vernichten Sie sie. Wollen Sie an der gleichen Stelle eine neue Pflanze setzen, sollten Sie den Boden um die Pflanzstelle großzügig austauschen. Kontrollieren Sie außerdem, ob sich an den betroffenen Stellen Staunässe im Boden bildet, durch die Wurzelpilze sehr gefördert werden. Lockern Sie den Boden tiefgründig. Eine direkte Bekämpfung der Krankheit ist im Hausgarten nicht möglich.

jan	feb	mär	apr	mai	jun	jul	aug	sep	okt	nov	dez

An unserer neu angelegten Garagenzufahrt möchten wir als Sichtschutz eine Thuja-Hecke anpflanzen. Unsere Nachbarn haben im vergangenen Jahr das gleiche getan, die Hecke ist jedoch an vielen Stellen braun geworden. Was müssen wir beachten, damit unsere Hecke gut wächst?

Thujapflanzen mögen keine stauende Nässe im Wurzelbereich. Dies führt häufig zu Wurzelfäulnis. Gerade im Bereich von Zufahrten und Grundstücksgrenzen findet man oft Bodenverdichtungen, z. B. durch Bauarbeiten. Auch Bauschutt im Untergrund verhindert den Wasserabzug und führt zu Problemen bei Thujahecken. Lockern Sie daher den Wurzelbereich gründlich. Als Faustregel gilt, dass das Pflanzloch mindestens doppelt so tief und doppelt so breit gelockert werden muss wie der Wurzelballen groß ist. Verbessern Sie den Boden mit Kompost oder Rindenhumus besonders bei sehr lehmigen oder sehr sandigen Böden. Der Anteil an Kompost bzw. Rindenhumus sollte dabei ca. 1/3 der Pflanzerde ausmachen.

Wacholder *(Juniperus-Arten)*

Miniermotte

Triebspitzen verbräunen und sterben schließlich ab. Im Gegenlicht sind die Fraßgänge mit den Larven, die Bohrlöcher und Kotkrümel deutlich zu erkennen. Weitere siehe Seite 44.

Trieb- und Zweigsterben *(Kabatina)*

Einzelne Triebspitzen verbräunen und sterben anschließend von der Spitze her ab. Weiteres siehe Seite 43.

Wurzelpilze

Zuerst werden die Nadeln fahlgrün, dann wird die gesamte Pflanze braun. Die Wurzeln werden braun und weich. Weiteres siehe S. 45.

Wacholder-Rost

Schadbild: Im Frühjahr zeigen sich an den Trieben spindelförmige Verdickungen, aus denen unter feuchten Bedingungen eine rostbraune gallertartige Masse austritt. Für seine Weiterentwicklung braucht der Pilz eine zweite Wirtspflanze, die Birne, auf der er sich als Birnen-Gitterrost (Weitres siehe Seite 70) zeigt. Von dort kehren die Erreger im Juli/August wieder zurück auf den Wacholder, auf dem sie auch überwintern. Während die Birne jedes Jahr neu infiziert werden muss, bleibt der Wacholder zeitlebens infiziert.
Behandlung: Entfernen Sie befallene Pflanzenteile. Bei stark befallenen Exemplaren empfiehlt sich eine Rodung, da der Zierwert der Pflanzen bei starkem Rückschnitt erheblich leidet. Eine direkte Bekämpfung des Wacholder-Rosts ist nicht möglich. Bitte beachten Sie die Bekämpfungsmaßnahmen des Birnen-Gitterrostes. Weiteres siehe Seite 68.

jan	feb	mär	apr	mai	jun	jul	aug	sep	okt	nov	dez

Streusalzschäden

An Straßen, Plätzen und Hauseingängen trocknen die Nadeln betroffener Pflanzen vom Rand her ein. Weiteres siehe Seite 22.

Christrose *(Helleborus niger)*

Schwarzfleckenkrankheit *(Coniothyrium)*

Schadbild: Auf den Blättern zeigen sich braun-schwarze, 1,5–2 cm große Flecken mit feinen, konzentrischen Zonen. Die Flecken breiten sich vom Blattrand aus und schädigen die Blätter oftmals so stark, dass sie absterben. Auch Blütenstiele werden erfasst und so geschädigt, dass sich die Blüten nicht weiterentwickeln können. Die Krankheit befällt vor allem Pflanzen, die auf ungeeigneten Standorten stehen oder zu stickstoffbetont gedüngt werden.
Behandlung: Entfernen Sie das alte und kranke Laub vor dem Neuaustrieb. Düngen und kalken Sie Christrosen regelmäßig. Den Neuaustrieb von immer wieder stark befallenen Pflanzen können Sie mit einem Pilzbekämpfungsmittel behandeln.
Mittel: Fungisan Rosen-Pilzfrei (Neudorff).

jan	feb	mär	apr	mai	jun	jul	aug	sep	okt	nov	dez

Spritzen

Falscher Mehltau

Schadbild: Die frisch ausgetriebenen Blätter bleiben klein, sind deformiert und besitzen eine fahlgrüne Farbe und bräunliche Flecken. Blattunterseits bildet sich bei feuchter Witterung ein grauer Schimmelbelag. Die Pilzkrankheit überwintert in befallenen Blättern, dringt aber auch in unterirdische Pflanzenteile ein.
Behandlung: Stark befallene Pflanzen sind nicht mehr zu retten. Sie sollten sie ausgraben und vernichten. Für eine direkte Bekämpfung ist kein Pflanzenschutzmittel zugelassen.

jan	feb	mär	apr	mai	jun	jul	aug	sep	okt	nov	dez

Dahlie *(Dahlia*-Hybriden)

Schnecken

Schadbild: An allen Pflanzenteilen findet man Fraßschäden, besonders bei feuchter und kühler Witterung. Besonders gefährdet sind gerade austreibende Knollen, die oft ratzekahl abgefressen werden. Auf den Pflanzen und auf dem Boden findet man typische Schleimspuren. Nacktschnecken bleiben tagsüber in Verstecken, um sich vor Austrocknung zu schützen. Die Überwinterung erfolgt als Eier im Boden. Milde Winter überleben auch erwachsene Tiere.
Behandlung: Sie können den Befall reduzieren, wenn Sie die Schnecken absammeln und vernichten. Abends und am frühen Morgen finden Sie die Tiere direkt an den Pflanzen, tagsüber unter Brettern und Steinen. Errichten Sie um Beete einen Schneckenzaun, den die Tiere nicht überwinden können. Bei anhaltend feuchter Witterung und starkem Befall können Sie Schneckenkorn ausstreuen.
Mittel: Ferramol Schneckenkorn (Neudorff), Schneckenkorn (Compo).

Schneckenkorn

jan	feb	mär	apr	mai	jun	jul	aug	sep	okt	nov	dez

Blattläuse

An Triebspitzen und den Unterseiten junger Blätter und Knospen saugen kleine, grüne, schwarze oder rötliche Läuse. Die Blätter und Triebe kräuseln sich und vergilben. (Weiteres siehe Seite 19)

Grauschimmel

Schadbild: An den Blüten bilden sich missfarbene, braune Faulstellen. Auch Blätter und Stängel können befallen werden. Bei anhaltend feuchter Witterung bildet sich der typische mausgraue Pilzbelag auf den Befallsstellen. Die Krankheit tritt vor allem in regnerisch-kühlen Spätsommermonaten auf. Sie ist auch als Lagerfäule der Knollen gefürchtet.

Behandlung: Entfernen Sie befallene Pflanzenteile. Pflanzen Sie Dahlien an einen luftigen Platz, an dem das Laub schnell abtrocknen kann. Gießen Sie niemals von oben, sondern direkt an die Pflanzenbasis, und düngen Sie bedarfsgerecht. Zusätzlich können Sie bei ersten Symptomen mit einem Pflanzenstärkungsmittel die pflanzeneigenen Abwehrkräfte stärken. Die Knollen an einem kühlen und trockenen Platz zur Überwinterung einlagern.
Mittel: Neudo-Vital Rosen-Pilzschutz (Neudorff).

jan	feb	mär	apr	mai	jun	jul	aug	sep	okt	nov	dez
							▭	▭	▭		

▭ Spritzen

Hortensie

(Hydrangea-Arten und Sorten)

Für die Ausprägung von klaren und kräftigen Blütenfarben müssen Hortensien in einem Boden mit niedrigem pH-Wert stehen. Für eine gute Blaufärbung muss der pH-Wert sogar unter 5 liegen, rosafarbene Sorten mögen pH 5,5 bis 6, die weißen leuchten am besten bei pH 5. Wenn sie den pH-Wert möglichst niedrig halten wollen, setzen Sie die Pflanzen in Torf und verwenden Sie Regenwasser zum Gießen. Spezielle Hortensiendünger wirken sich ebenfalls vorteilhaft aus.

? Ich habe ein Beet mit Bauern-Hortensien. Obwohl ich immer blau blühende Sorten pflanze, habe ich spätestens nach 2 Jahren wieder rosafarbene Blüten. Wie kann ich die blaue Blüte erhalten?

Lilie

(Lilium-Arten und -Hybriden)

Lilienhähnchen

Schadbild: Im Frühjahr werden die Lilienblätter von 6–8 mm großen, glänzend ziegelroten Käfern zerfressen. Sie schädigen die Pflanzen durch Loch- und Fensterfraß, später bleiben nur noch die Mittelrippen übrig. Ab Anfang Mai legen die Käfer orangefarbene Eier an der Blattunterseite ab. Die nacktschneckenähnlichen Larven sind mit schleimigem Kot bedeckt und sitzen meist in den Blattachseln. Sie fressen, genauso wie die Käfer, an den

Lilientrieben. Pro Jahr entstehen zwei bis drei Generationen. Puppen und Käfer überwintern im Boden.
Behandlung: Durch regelmäßiges Absammeln können Sie die Schädlinge stark dezimieren und einer weiteren Ausbreitung entgegenwirken. Die Käfer lassen sich bei Berührung leicht fallen und müssen dann vom Boden aufgelesen werden. Bei starkem Befall können Sie eine Spritzbehandlung in Erwägung ziehen.
Mittel: Spruzit Käfer- und Raupenfrei (Neudorff).

Spritzen

jan	feb	mär	**apr**	**mai**	**jun**	**jul**	**aug**	sep	okt	nov	dez

Pfingstrose (*Paeonia*-Arten und -Hybriden)

Grauschimmel

Schadbild: Junge Triebe sterben schon kurz nach dem Austrieb ab. Ältere Triebe faulen an der Basis und fallen um. Auch Blüten und Knospen können befallen werden. Sie bleiben in ihrer Entwicklung stecken, trocknen ein oder faulen. Auf allen infizierten Pflanzenteilen bildet sich der typische mausgraue Schimmelrasen. Die Krankheit verbreitet sich bei feucht-warmem Wetter rasend schnell, wobei besonders geschwächte Pflanzen betroffen sind.
Behandlung: Entfernen Sie befallene Pflanzenteile. Pflanzen Sie Pfingstrosen an einen luftigen Platz, an dem das Laub immer schnell abtrocknen kann. Gießen Sie niemals von oben, sondern direkt an die Pflanzenbasis. Düngen Sie bedarfsgerecht. Zusätzlich können Sie bei ersten Befallssymptomen mit einem Pflanzenstärkungsmittel die pflanzeneigenen Abwehrkräfte fördern.
Mittel: Neudo-Vital Rosen-Pilzschutz (Neudorff).

Spritzen

jan	feb	mär	**apr**	**mai**	**jun**	**jul**	**aug**	**sep**	okt	nov	dez

Cladosporium-Blattfleckenkrankheit

Schadbild: An den Spitzen und Rändern der Blätter bilden sich größere, hellbraune oder braunviolette Flecken. Blattunterseits ist

bei feuchter Witterung ein bräunlicher Sporenbelag zu erkennen. Die Flecken greifen schnell auf das gesamte Blatt über. Befallene Blätter trocknen ein und sterben ab.
Behandlung: Entfernen und vernichten Sie die befallenen Blätter. Sorgen Sie für einen luftigen, nicht zu engen Stand, damit die Pflanze nach Regen oder Taubildung schnell abtrocknen kann. Bei starkem Befall können Sie ein Pilzbekämpfungsmittel einsetzen.
Mittel: Fungisan Rosen-Pilzfrei (NW; Neudorff), Ortiva Rosenpilzschutz (NW) und Pilzfrei Polyram (NW; Compo).

jan	feb	mär	apr	mai	jun	jul	aug	sep	okt	nov	dez

Spritzen

Septoria-Blattfleckenkrankheit

Schadbild: Auf den Blättern und an den Stängeln zeigen sich kleine, rundliche, braune Flecken mit einer purpurfarbenen Umrandung. Auf den Flecken erkennt man kleine schwarze Pünktchen. Die Flecken trocknen ein, und das Gewebe bricht häufig heraus. Die Pilzkrankheit verbreitet sich vor allem bei feuchten Witterungsbedingungen und überwintert an den befallenen Blättern.
Behandlung: Entfernen und vernichten Sie die befallenen Blätter. Sorgen Sie für einen luftigen, nicht zu engen Stand, damit die Pflanze nach Regen oder Taubildung schnell abtrocknen kann. Bei starkem Befall können Sie ein Pilzbekämpfungsmittel einsetzen.
Mittel: Fungisan Rosen-Pilzfrei (NW; Neudorff), Ortiva Rosenpilzschutz (NW) und Pilzfrei Polyram (NW; Compo).

jan	feb	mär	apr	mai	jun	jul	aug	sep	okt	nov	dez

Spritzen

Ich habe mehrere Pfingstrosen in meinem Vorgarten stehen. Auf den Knospen laufen ständig Ameisen herum, obwohl keine Blattläuse ausfindig zu machen sind. Können sie Schaden verursachen?

Die **Ameisen** schaden den Pflanzen in der Regel nicht. Sie werden lediglich angelockt, weil die Knospen der Pfingstrosen mit feinen Haaren besetzt sind, die Zuckersaft auskristallisieren. Dieser süße Saft dient den Ameisen als Nahrung. Sobald sich alle Knospen geöffnet haben, und die Zuckerquelle damit versiegt ist, verschwinden auch die Ameisen wieder.

Phlox *(Phlox-Arten und -Hybriden)*

Blatt- und Stängelälchen

Schadbild: Die Triebe wirken gedrungen, die Stängel sind verkümmert und verdickt, manchmal in Längsrichtung aufgerissen. Die Blätter sind verschmälert und gekräuselt, die Blattränder nach unten gebogen. Ursache dieser Krankheit sind winzige Fadenwürmer, die die Pflanze durch ihre Saugtätigkeit in den Trieben schädigen. Diese Älchen leben nicht in den Wurzeln.
Behandlung: Entfernen und vernichten Sie befallene Triebe. Bei Neuanpflanzungen können Sie auf nicht so anfällige Sorten zurückgreifen. Für eine direkte Bekämpfung ist im Hausgarten kein Mittel zugelassen.

jan	feb	mär	apr	**mai**	**jun**	**jul**	**aug**	**sep**	okt	nov	dez

Echter Mehltau

Schadbild: Auf den Blattoberseiten, Blattstielen und Stängeln breitet sich ein mehlartiger, weißer Pilzrasen aus. Auf den glatten Blättern ist der Belag leicht abwischbar. Bei starkem Befall vertrocknen die Blätter und fallen ab. Echter Mehltau ist ein »Schönwetterpilz«, der sich vor allem an sonnigen Tagen verbreitet. Der Pilz überwintert auf Pflanzenresten.
Behandlung: Schneiden Sie die Pflanzen im Herbst zurück. Treten erste Symptome auf, knipsen Sie die betroffenen Blätter ab. Gleichzeitig können Sie ein Pflanzenstärkungsmittel einsetzen, das die pflanzeneigenen Abwehrkräfte mobilisiert. Bei jährlich mit Echtem Mehltau befallenen Pflanzen sollten Sie mehrere Behandlungen mit einem Stärkungs- oder Pilzbekämpfungsmittel durchführen.
Mittel: Zur Pflanzenstärkung: Neudo-Vital Rosen-Pilzschutz (Neudorff); zur Bekämpfung: Netz-Schwefelit WG, Cueva Pilzfrei und Fungisan Rosen-Pilzfrei (NW; Neudorff), Universal-Pilzfrei Euparen und Rosenspritzmittel Baymat (Bayer), Mehltau-frei Kumulus und Ortiva Rosenpilzschutz (NW; Compo).

Spritzen

jan	feb	mär	apr	**mai**	**jun**	**jul**	**aug**	**sep**	okt	nov	dez

Stockrose *(Alcea rosea)*

Malven-Rost

Schadbild: Auf den Oberseiten der Blätter erscheinen schon sehr zeitig im Frühjahr gelbliche Flecken. Blattunterseits bilden sich zunächst rostfarbene, später braune Pusteln. Befallene Blätter welken und trocknen ein. Die Pflanzen verkahlen. Auch Blattstängel und Triebe werden befallen. Die Krankheit breitet sich sehr schnell im Bestand aus. Der Pilz überwintert an befallenen Pflanzenteilen.
Behandlung: Bei Anfangsbefall entfernen Sie die infizierten Blätter. Sorgen Sie dafür, dass die Pflanzen immer schnell abtrocknen können und gut mit Nährstoffen versorgt sind. Bei starkem Befall können Sie eine Spritzbehandlung durchführen. Pflanzenstärkungsmittel erhöhen die pflanzeneigenen Abwehrkräfte.
Mittel: Zur Pflanzenstärkung: Neudo-Vital Rosen-Pilzschutz (Neudorff); zur Bekämpfung: Fungisan Rosen-Pilzfrei (Neudorff).

jan	feb	mär	apr	mai	jun	jul	aug	sep	okt	nov	dez

Spritzen

Schäden am Rasen

Moos

Schadbild: Die Rasengräser werden immer mehr zurückgedrängt. Moos breitet sich aus. Moos entsteht vor allen Dingen dort, wo Staunässe, Schatten und verdichtete Bodenverhältnisse zu beobachten sind. Ein niedriger pH-Wert sowie Nährstoffmangel im Boden tragen ebenfalls dazu bei. Sinkt der pH-Wert (Säuregrad) unter 5,5, stirbt nicht nur ein Teil der Mikroorganismen im Boden ab, auch das Wachstum der Gräser wird gehemmt. Das Moos kann sich stärker ausbreiten.
Behandlung: Ist der Boden nur stellenweise leicht vermoost, genügt es, wenn Sie das Moos im Frühjahr mit dem Vertikutierer entfernen. Um das Wachstum der Gräser anzuregen, ist es wich-

tig, dass Sie danach den Rasen mit einem speziellen Rasendünger düngen und ihn bei einem zu niedrigen pH-Wert mit Kalk versorgen.
Hat sich das Moos schon stark ausgebreitet, können Sie die Anwendung eines Moosvernichters in Erwägung ziehen. Verdichtete Böden sollten Sie zudem lockern. Sie können mit Hilfe einer Grabegabel Löcher in den Boden stechen (für große Flächen gibt es dafür spezielle Geräte) und diese mit grobem Sand verfüllen (aerifizieren). Mähen Sie den Rasen nicht zu tief. Die optimale Schnitthöhe liegt bei 4-5 cm, im Schatten bei 6 cm. Zu niedriger Rasenschnitt schwächt oder schädigt die Gräser.
Mittel: Finalsan RasenMoosfrei (Neudorff).

Spritzen
Düngen

jan	feb	mär	apr	mai	jun	jul	aug	sep	okt	nov	dez

Unkraut

Schadbild: Der Rasen ist verunkrautet. Die Gräser werden mehr und mehr verdrängt. Löwenzahn, Klee, Gänseblümchen und andere Unkräuter machen sich breit. Wenn sich Unkräuter ausbreiten, sind die Wachstumsbedingungen für die Rasengräser nicht mehr optimal.
Behandlung: Entfernen Sie zuerst die Unkräuter, per Hand auf kleinen Flächen, eventuell mit einem speziellen Unkrautvernichter, wenn das Areal sehr groß ist. Prüfen Sie den pH-Wert des Bodens. Rasengräser benötigen einen pH-Wert von 5,5 bei leichten Böden bis 6,5 bei schweren Böden. Kalken Sie, wenn der pH zu niedrig ist, verzichten Sie für einige Jahre auf Kalk, wenn er zu hoch ist. Düngen Sie den Rasen mindestens zweimal jährlich mit einem speziellen Rasendünger. Verdichtete Böden sollten Sie zudem lockern. Sie können mit Hilfe einer Grabegabel Löcher in den Boden stechen (für große Flächen gibt es dafür spezielle Geräte) und diese mit grobem Sand verfüllen (aerifizieren). Mähen Sie den Rasen nicht zu tief. Die optimale Schnitthöhe liegt bei 4-5 cm, im Schatten bei ca. 6 cm. Zu niedriger Rasenschnitt schwächt oder schädigt die Gräser.
Mittel: Rasenunkrautvernichter: Banvel M (Celaflor).

Unkrautvernichter
Düngen

jan	feb	mär	apr	mai	jun	jul	aug	sep	okt	nov	dez

Engerlinge

Schadbild: Die Gräser bleiben an den Befallsstellen im Wachstum zurück und verbräunen. Der Rasen lässt sich wie ein Teppich anheben. Im Boden findet man 1-5 cm lange Engerlinge, die die Wurzeln abfressen. Engerlinge sind die Larven von Gartenlaubkäfern, Maikäfern und Junikäfern, die sich im Boden entwickeln und sich von Pflanzenwurzeln ernähren. Sie haben einen weißen, am Ende verdickten Körper mit drei Brustbeinpaaren und einen braunen Kopf. Verstärkt wird der Schaden durch Vögel, die nach den Engerlingen picken und dabei den Boden aufwühlen.
Behandlung: Mähen Sie den Rasen nicht zu kurz, um den Käfern die Eiablage zu erschweren. Finden Sie Engerlinge bis zu einer Größe von maximal 1,5 cm, sind es die Larven von Gartenlaubkäfern. Diese können Sie mit nützlichen HM-Nematoden bekämpfen, sobald der Boden eine Mindesttemperatur von 12 °C erreicht hat (siehe Seite 128f.). Die größeren Larven von Maikäfer und Junikäfer können nicht bekämpft werden.
Mittel: Nützlinge: Parasitäre HM-Nematoden (Neudorff).

jan	feb	mär	apr	mai	jun	jul	aug	sep	okt	nov	dez

▭ Nematoden

Wiesenschnaken-Larven *(Tipula)*

Schadbild: Der Rasen wird nesterförmig braun und stirbt ab. Im Boden findet man etwa 4 cm lange, dunkle Larven. Ihr Körper ist lang gestreckt, runzlig und beinlos. Die Larven fressen an den Wurzeln der Gräser. Bei feuchter Witterung verlassen sie den Boden und fressen auch an oberirdischen Pflanzenteilen. Die Larven treten in der Regel in den Frühjahrs- und Sommermonaten auf. Nach der Verpuppung im Spätsommer schlüpfen die Schnaken mit ihren charakteristischen überlangen Beinen.
Behandlung: Bei starkem Befall können Sie die Larven mit SC-Nematoden bekämpfen, sobald der Boden eine Mindesttemperatur von 12 °C erreicht hat. Diese nur 0,5-1 mm großen Fadenwürmer dringen in die Larven ein und töten sie ab. Weiteres Seite 128f.
Mittel: Nützlinge: Parasitäre SC-Nematoden (Neudorff).

jan	feb	mär	apr	mai	jun	jul	aug	sep	okt	nov	dez

▭ Nematoden

Hexenringe, Pilze im Rasen

Schadbild: Verschiedene Pilze bilden mit ihren Fruchtkörpern einen auffälligen Kreis im Rasen. Dabei gibt es drei unterschiedliche Erscheinungsformen: ein Kranz abgestorbener Gräser, ein Ring dunkelgrüner Gräser mit oder ohne Pilzfruchtkörper und ein Ring nur aus Hutpilzen. Der Boden in dem Kreis ist von einem wasserundurchlässigen Pilzgeflecht durchzogen. Der Kreis vergrößert sich von Jahr zu Jahr. Hexenringe treten verstärkt bei Nährstoffmangel, Trockenheit und Bodenverdichtung auf.
Behandlung: Entfernen und vernichten Sie die Pilzfruchtkörper. Lockern Sie den betroffenen Bereich mit einer Grabegabel auf und wässern Sie die Stelle gründlich. Versorgen Sie den Rasen ausreichend mit Nährstoffen und Wasser. Sollten diese Maßnahmen nicht ausreichen, können Sie den Boden bis zu einer Tiefe von 30 cm austauschen, um das Pilzgeflecht zu entfernen. Für eine direkte chemische Bekämpfung ist z. Zt. kein Pflanzenschutzmittel zugelassen.

Düngen

jan	feb	mär	apr	mai	jun	jul	aug	sep	okt	nov	dez

Schneeschimmel

Schadbild: Besonders im Frühjahr nach der Schneeschmelze werden im Rasen runde, gelblichbraune oder silbergraue Flecken mit einem Durchmesser von 25–30 cm sichtbar. Das Gras stirbt ab. Bei andauernder Feuchtigkeit erscheint ein dichtes, watteartiges, graues bis rosafarbenes Pilzmyzel. Infektionen sind auch im Herbst möglich. Die Krankheit wird durch Staunässe, hohe Stickstoffgaben im Herbst und durch Abdeckung des Rasens mit Schnittgut oder Laub gefördert.
Behandlung: Lassen Sie das Schnittgut nicht auf dem Rasen liegen und harken Sie im Herbst das Laub von den Flächen. Düngen Sie spätestens Anfang September mit einem kalibetonten Dünger. Nehmen Sie auf stark verdichteten Flächen eine Tiefenlockerung vor. Vertikutieren Sie im Frühjahr, um befallenes Pflanzenmaterial zu entfernen.

jan	feb	mär	apr	mai	jun	jul	aug	sep	okt	nov	dez

Rotspitzigkeit

Schadbild: Anfangs zeigen sich kleine, unregelmäßig geformte, hellbraune Flecken. Im weiteren Verlauf färben diese sich strohgelb. Die Gräser sterben ab. An den Spitzen der befallenen Gräser bilden sich später rötliche Pilzfäden mit geweihartiger Struktur. Bei lang anhaltender Feuchte und Temperaturen zwischen 16 und 22 °C verbreitet sich die Krankheit rasend schnell. Rasenflächen mit Nährstoffmangel sind besonders anfällig.
Behandlung: Düngen Sie den Rasen ausgewogen und gleichmäßig. Mähen Sie nicht tiefer als 5 cm. In Trockenperioden verschwindet die Rotspitzigkeit dann von selbst.

jan	feb	mär	apr	mai	jun	jul	aug	sep	okt	nov	dez

Düngen

Auf unserer Rasenfläche findet man im Frühjahr, vor allem nach ergiebigen Regenschauern, kleine, ca. 1 cm große Erdhäufchen. Wo kommen die plötzlich her?

Wahrscheinlich handelt es sich dabei um Regenwurmkot. Man findet ihn vor allem auf Rasenflächen, die wenig betreten werden. Er ist ein Zeichen für einen gut belebten, von Regenwürmern besiedelten Boden. Diese werden besonders im Frühjahr bei ansteigenden Bodentemperaturen und wenn viel Feuchtigkeit im Boden ist aktiv. Regenwürmer fressen abgestorbene Pflanzenreste und scheiden sie wieder aus. Damit leisten sie einen entscheidenden Beitrag zur Humusbildung.

Unser Rasen ist schön grün und wüchsig. Trotzdem werden die Halmspitzen der gesamten Fläche braun. Warum wirkt der Rasen immer struppig und ausgefranst?

Vermutlich liegt das an Ihrem Rasenmäher. Die Messer scheinen stumpf zu sein. Sie schneiden das Gras nicht mehr, sondern rupfen es nur ab. Gehen Sie mit dem Mäher in eine Fachwerkstatt und lassen Sie die Messer nachschleifen oder erneuern.

Ein Maulwurf hat ausgerechnet auf unserem Rasen mehrere Hügel aufgeworfen. Wie kann ich ihn vertreiben, ohne ihn zu töten, da er doch unter Naturschutz steht?

Sie haben Recht. Nach dem Bundesnaturschutzgesetz gehört der Maulwurf zu den besonders geschützten Arten. Er darf nicht gejagt, verfolgt, verletzt oder getötet werden. Sie können lediglich versuchen, ihn mit Vergrämungsmittel zu vertreiben. Übrigens sind es nur die Erdauswürfe, die stören. Ansonsten ist der Maulwurf nützlich, da er erhebliche Mengen an Wiesenschnakenlarven, Engerlingen und anderen Insekten vertilgt.

Krankheiten und Schädlinge im Obstgarten

Wühlmaus, Schermaus, Erdratte

Schadbild: Obstbaumwurzeln sind teilweise oder vollständig abgefressen. Die Bäume stehen nur noch locker im Boden und können auch kippen. Während der Vegetationsperiode welken die oberirdischen Pflanzenteile. Flach unter der Oberfläche befinden sich hochovale Gänge. Die nur selten aufgeworfenen Hügel sind kleiner als Maulwurfshügel.
Behandlung: Bei Neuanpflanzungen können Sie den Wurzelballen mit Maschendraht (13 mm Maschenweite) umhüllen. Eine direkte Bekämpfung ist mit verschiedenen Fallen, mit giftigen Ködern oder mit Begasungsmitteln möglich.
Mittel: Fallen: Wühlmausfänger (Neudorff); Köder: Quiritox Wühlmausköder (Neudorff), Wühlmausköder (Bayer), Wühlmausköder Arrex (Celaflor); Gas: Wühlmausgas (Bayer).

jan	feb	mär	apr	mai	jun	jul	aug	sep	okt	nov	dez

Fallen, Köder, Gas

Frostspanner

Schadbild: Schon beim Austrieb findet man grünliche, gefräßige Raupen, die sich mit einem typischen Katzenbuckel fortbewegen. Sie treten meist in großer Zahl auf. Die Raupen fressen an den Knospen, später verursachen sie Lochfraß an Blättern und Blüten und muldenförmige Fraßschäden an Früchten. Oftmals spinnen sie sich in den Blättern oder Blütenbüscheln ein. Die Verpuppung findet im Boden statt. Im Herbst klettern die flügellosen Weibchen an den Baumstämmen hoch und legen kleine, orangefarbene Eier in Ritzen und Zweigspitzen.
Behandlung: Ab Anfang Oktober können Sie Raupenleimringe am unteren Stammdrittel anlegen, auf denen die Weibchen kleben bleiben. Die Eiablage wird so verhindert. Bei einem starken Befall können Sie eine Spritzbehandlung durchführen.
Mittel: Leimringe: Raupen- und Ameisenleimring (Neudorff), Leimring (Bayer), Raupenleimring plus (Compo); zur Bekämpfung: Raupenfrei und Spruzit Käfer- und Raupenfrei (NW; Neudorff), Raupenfrei (Bayer), Schädlingsfrei Neem (Celaflor).

jan	feb	mär	apr	mai	jun	jul	aug	sep	okt	nov	dez

Spritzen
Leimringe

Obstbaum-Spinnmilbe

Schadbild: Zunächst entstehen helle Sprenkelungen und gelbe Flecken auf den Blättern, später bronzefarbene Verfärbungen. Letztendlich trocknen die Blätter ein und fallen ab. Im Gegensatz zu der Gemeinen Spinnmilbe, die man auch hin und wider an Obstbäumen findet, spinnt die Obstbaum-Spinnmilbe kein Netz. Blattunterseits kann man mit einer Lupe Eier und Milben erkennen. Zum Winter legen die Weibchen rotbraune Eier an die Triebe.
Behandlung: Bei einem schwachen Befall werden die Spinnmilben von ihren natürlichen Gegenspielern, den Raubmilben und Raubwanzen, weitgehend dezimiert. Entdecken Sie im Winter viele Kolonien von roten Eiern an den Triebspitzen, empfiehlt sich eine Austriebsspritzung. Damit werden die Larven bei beginnendem Austrieb der Knospen schon in den Eiern bekämpft. Bei starkem Befall können Sie während der gesamten Vegetationsperiode mit verschiedenen Mitteln Spritzungen durchführen.
Mittel: Promanal Austriebsspritzmittel (Neudorff), Austriebsspritzmittel Oliocin (Bayer); zur Bekämpfung: Schädlingsfrei Naturen oder Schädlingsfrei Hortex (Celaflor).

Spritzen
Austriebsspritzung

jan	feb	mär	apr	mai	jun	jul	aug	sep	okt	nov	dez

Frostrisse

Schadbild: Die Baumrinde platzt auf und reißt. Die Risse entstehen im Spätwinter durch Spannungen auf Grund starker Temperaturunterschiede zwischen Tag und Nacht oder Nord- und Südseite des Stammes.
Behandlung: Vorbeugend hat es sich bewährt, die Baumstämme im Spätherbst mit einem Kalkanstrich zu weißen. Lockere Rinde können Sie annageln, glatt schneiden und mit einem Wundverschlussmittel bestreichen.
Mittel: Kalkanstrich: Biobaumanstrich (Neudorff), Spivit Baumschutzfarbe (Spieß Urania); zum Wundverschluss: Malusan Wundverschluss (Neudorff), LacBalsam (Celaflor) oder Magnicur Baumwundverschluss (Bayer).

Wundverschluss
Kalkanstrich

jan	feb	mär	apr	mai	jun	jul	aug	sep	okt	nov	dez

Unsere Obstbäume haben in der Blütezeit plötzlich braune Blütenblätter bekommen. Jetzt können wir auch keinen Fruchtansatz feststellen. Was kann passiert sein?

Wahrscheinlich hat ein Spätfrost ihren Bäumen zugesetzt. Obstblüten sind vor allem dann, wenn sie voll geöffnet sind, sehr frostempfindlich. Wählen Sie bei Neuanpflanzungen in frostanfälligen Lagen spät blühende Sorten aus. Kleine Bäume können Sie bei Nachtfrostgefahr während der Blüte mit Vlies abdecken. (Diesen tagsüber wieder entfernen, da sonst keine Bestäubung möglich ist!)

Meine Apfel- und Birnenbäume tragen sehr gut. Sie überhäufen mich mit Früchten – aber leider nur alle 2 Jahre. Kann ich diesen Rhythmus beeinflussen?

Dieses Phänomen der so genannten **»Alternanz«** ist an vielen Bäumen zu beobachten. Das Jahr der reichen Ernte beansprucht die Bäume so sehr, dass sie nicht in der Lage sind, noch Blütenknospen für das kommende Jahr anzulegen. Korrigierend eingreifen lässt sich dabei mit einem Verjüngungsschnitt. Bei kleinen Bäumen können Sie auch überzählige Früchte entfernen. Dabei werden pro Fruchtstand nur 2-3 Früchte belassen. Diese sogenannte Ausdünnung muss im Juni durchgeführt werden.

Apfel

Obstmade (Apfelwickler)

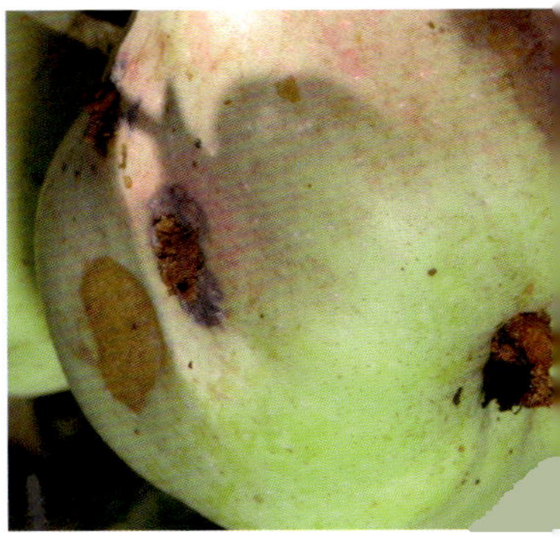

Schadbild: Die Raupe aus dem Ei des Apfelwicklerfalters bohrt sich in die junge Frucht und frisst einen Gang Richtung Kerngehäuse, wobei sie Kotkrümel hinterlässt. In der Folge können Fäulnispilze in den Apfel eindringen. Die Früchte fallen schon ab Juni vom Baum. Noch größeren Schaden verursacht eine zweite Generation, die in warmen Sommern entstehen kann und die großen Früchte befällt. Die Überwinterung erfolgt in Stammritzen, Pfahlritzen und im Boden.

Behandlung: Das Fallobst mit den Maden aufsammeln und vernichten. Ab Anfang Juli können Sie am unteren Drittel des Stammes Wellpappegürtel als Überwinterungsmöglichkeit anlegen und im Herbst entfernen und vernichten. Mit einer Spritzbehandlung müssen die Raupen direkt getroffen werden, d.h. sie dürfen sich noch nicht in den Apfel gebohrt haben. Den exakten Zeitpunkt kann man mit einer Pheromonfalle (Sexuallockstoff) bestimmen. Weiteres siehe Seite 128.

Mittel: Pheromonfallen: Neudomon Apfelmadenfalle; zur Bekämpfung: Granupom Apfelmadenfrei (Neudorff), Raupenfrei Runner (Bayer).

Spritzen
Wellpappegürtel

jan	feb	mär	apr	mai	jun	jul	aug	sep	okt	nov	dez

Mehlige Apfel-Blattlaus

Schadbild: An der Blattunterseite saugen rosagraue, weiß bepuderte Läuse. Die Blätter kräuseln sich stark und vertrocknen; Früchte bleiben klein und sind deformiert. Weiteres siehe Seite 19.
Behandlung: Finden Sie im Winter viele Läuseeier an den Triebspitzen, ist eine Austriebsspritzung direkt vor dem Austrieb empfehlenswert.
Mittel: Austriebsspritzmittel Oliocin (NW; Bayer), Promanal Austriebsspritzmittel (NW; Neudorff); zur Bekämpfung: Schädlingsfrei Neem (Celaflor).

Spritzen
Austriebsspritzung

jan	feb	mär	apr	mai	jun	jul	aug	sep	okt	nov	dez

Grüne Apfel-Blattlaus

Schadbild: Auf den Blattunterseiten und an Triebspitzen saugen grüne Läuse. Die Blätter rollen sich ein und die Triebspitzen verkümmern. Weiteres siehe Mehlige Blattläuse.
Mittel: Promanal Austriebsspritzmittel (NW; Neudorff)), Austriebsspritzmittel Oliocin (NW; Bayer); zur Bekämpfung: Schädlingsfrei Naturen (Celaflor), Spruzit Schädlingsfrei (Neudorff).

Spritzen
Austriebsspritzung

jan	feb	mär	apr	mai	jun	jul	aug	sep	okt	nov	dez

Blutlaus

Schadbild: Rotbraune Läuse unter weißen wolligen Wachsausscheidungen (siehe Bild S. 63) saugen an Schnittstellen, Zweigen und Triebspitzen. Im Frühjahr sieht man nur kleine Kolonien, zum Herbst hin werden sie größer. Die Läuse verursachen durch ihren

Speichel krebsartige Wucherungen und Missbildungen, den sog. Blutlauskrebs. Beschädigte Äste können erfrieren. Die Larven überwintern an den Wurzeln.
Behandlung: Kleinere Befallsherde können Sie einfach wegschneiden. Bei geringem Befall werden die Schädlinge durch ihren natürlichen Gegenspieler, der Blutlauszehrwespe in ihren Grenzen gehalten. Um die Larven auf ihrem Weg zum bzw. vom Winterquartier abzufangen, legen Sie ab Oktober Leimringe an.
Mittel: Leimringe: Raupen- und Ameisenleimring (Neudorff), Leimring (Bayer).

jan	feb	mär	apr	mai	jun	jul	aug	sep	okt	nov	dez

Leimringe

Wühlmaus, Schermaus

Obstbaumwurzeln sind teilweise oder vollständig abgefressen. Die Bäume stehen nur noch locker im Boden und können auch kippen. Weiteres siehe Seite 59.

Frostspanner

Schon beim Austrieb findet man grünliche, gefräßige Raupen, die sich mit einem typischen Katzenbuckel fortbewegen. Die Raupen fressen an den Knospen, später verursachen sie einen Lochfraß an Blättern und Blüten. Weiteres siehe Seite 59.

Gespinstmotten

Ab März/April fressen kleine Raupen am Austrieb. Ab Mai sind die ersten Zweige und Blätter mit weiß-grauen Gespinsten überzogen. Weiteres siehe Seite 20.

Apfel-Blütenstecher

Schadbild: Die Blüten öffnen sich nicht und vertrocknen. Das Blüteninnere ist von einer gelblichweißen Larve des Rüsselkäfers

zerfressen. Die Larven entwickeln sich im Sommer zu Käfern, die in Stammritzen überwintern und im Frühjahr wiederum Eier an die Blüten legen.

Behandlung: Bei starkem Blütenansatz entsteht durch den Schädling ein positiver Effekt auf die Qualität und Größe der verbleibenden Früchte (Fruchtausdünnung). Eine Befallskontrolle ist mit einem Wellpappegürtel, der als Versteck dient, möglich. Dieser wird kurz vor Austrieb um den Stamm gelegt und bis zum Ende der Blütezeit regelmäßig kontrolliert. Nur in Ausnahmefällen, bei sehr starkem Befall, ist im Hausgarten eine Spritzbehandlung kurz nach dem Austrieb nötig.

Mittel: Spruzit Käfer- und Raupenfrei (EW; Neudorff)

Spritzen
Wellpappegürtel

jan	feb	mär	apr	mai	jun	jul	aug	sep	okt	nov	dez

Obstbaum-Spinnmilbe

Zunächst entstehen helle Sprenkelungen und gelbe Flecken auf den Blättern, später bronzefarbene Verfärbungen.

Weiteres siehe Seite 60.

Schorf

Schadbild: Auf den Blättern bilden sich oft schon früh im Jahr graubraune Flecken. Sie vergrößern sich schnell und fließen zusammen. An den Früchten entstehen verschorfende, dunkle Flecken und Fäulnis. Es erfolgt eine rasche Ausbreitung, besonders bei feuchter und warmer Witterung. Der Pilz überwintert auf infiziertem Laub und an Trieben.

Behandlung: Lichten Sie die Baumkronen regelmäßig aus, damit sie schneller abtrocknen. Infiziertes Laub entfernen und kompostieren. Für Neuanpflanzungen stehen resistente Sorten zur Verfügung. Bei starkem Befallsdruck können Sie empfindliche Sorten durch regelmäßige Spritzungen gesund erhalten. Der beste Zeitpunkt dafür ist direkt nach dem Regen, sobald die Blätter abgetrocknet sind. Von Austriebsbeginn bis zur Blüte sind zwei Spritzungen mit einem Kupferpräparat empfehlenswert, von der Blüte bis Ende Juni schwefelhaltige Mittel.

Mittel: Kupferkalk Atempo (EW; Neudorff) und Kupferkalk Cupravit (EW; Bayer), Mehltau-frei Kumulus (Compo), Netz-Schwefelit (Neudorff).

jan	feb	mär	apr	mai	jun	jul	aug	sep	okt	nov	dez

Spritzen

Apfel-Mehltau

Schadbild: Blätter, Triebe oder Blütenbüschel sind von weißlich-mehligem, später graugrünlichem Pilzbelag überzogen. Die betroffenen Pflanzenteile sehen deformiert aus, werden braun und sterben ab. Die Überwinterung erfolgt in den Knospen, die matt und unterentwickelt erscheinen.
Behandlung: Kranke Pflanzenteile entfernen und vernichten. Am besten suchen Sie schon im Winter nach verdächtig aussehenden Knospen und entfernen diese. Verwenden Sie keine stickstoffbetonten Dünger, die das Pflanzengewebe weich und anfällig werden lassen. Eine regelmäßige Anwendung von Pflanzenstärkungsmitteln vom Austrieb bis Juni mobilisiert die pflanzeneigenen Widerstandkräfte. Empfindliche Sorten sollten Sie sofort bei Auftreten der ersten Symptome (oft schon vor der Blüte) mit einem Pilzbekämpfungsmittel behandeln.
Mittel: Zur Pflanzenstärkung: Neudo-Vital Obst-Pilzschutz (Neudorff); zur Bekämpfung: Pilzfrei Ectivo (Celaflor), Netz-Schwefelit oder Bioblatt Mehltaumittel (Neudorff), Mehltau-frei Kumulus (Compo).

jan	feb	mär	apr	mai	jun	jul	aug	sep	okt	nov	dez

Spritzen

Monilia-Fruchtfäule

Schadbild: An reifen Früchten entstehen faulende Stellen mit kreisrunden, hellen Pilzpolstern. Die Infektion erfolgt über Verletzungen, z. B. durch Hagel, Wespen, Obstmaden oder Schorfpilze. Befallene Früchte schrumpeln ein und verbleiben teilweise als Fruchtmumien, in denen der Pilz überwintert, am Baum.
Behandlung: Befallene Früchte, sowie die im Winter gut sichtbaren Fruchtmumien, aufsammeln und vernichten. Behandeln Sie gegen

Obstmaden und Schorfpilze (siehe S. 63 und 66), denn beides fördert den *Monilia*-Befall. Regelmäßig angewendet, mobilisieren Pflanzenstärkungsmittel die pflanzeneigenen Widerstandkräfte. Für eine direkte Bekämpfung gibt es z. Zt. keine Zulassungen.
Mittel: Neudo-Vital Obst-Pilzschutz (Neudorff).

Spritzen	jan	feb	mär	apr	mai	**jun**	**jul**	**aug**	**sep**	okt	nov	dez

Obstbaumkrebs

Schadbild: Am Stamm und/oder den Zweigen entstehen krebsartige Wucherungen. Pflanzenteile oberhalb der Befallsstelle können absterben. Der Pilz infiziert über Wunden, vor allem bei feuchter Witterung.
Behandlung: Schneiden Sie die Bäume im Winter sachgerecht und hinterlassen Sie keine fransigen Schnittstellen oder Aststummel. Verschließen Sie die Wunden sorgfältig mit einem Wundverschlussmittel. Die Krebsstellen sollten Sie bis ins gesunde Holz ausschneiden und ebenfalls verschließen. Während des Blattfalls können Sie zwei Spritzungen mit kupferhaltigen Mitteln durchführen.
Mittel: Zum Wundverschluss: Malusan Wundverschluss (Neudorff), LacBalsam (Celaflor), zur Bekämpfung: Kupferkalk Atempo (Neudorff) oder Kupferkalk Cupravit (Bayer).

Spritzen	jan	feb	mär	apr	mai	jun	jul	aug	sep	**okt**	**nov**	dez

Monilia-Spitzendürre

Zum Ende der Blütezeit sterben plötzlich Blüten und Triebspitzen ab, später sind auch Blätter und ganze Zweige betroffen.
Weiteres siehe Seite 73.

Feuerbrand

Blüten, Blätter und Triebspitzen sind braun-schwarz gefärbt, sehen wie verbrannt aus. Triebspitzen sind hakenförmig gebogen.
Weiteres siehe Seite 71.

Apfel-Mosaikvirus

Schadbild: Weißgelbe Flecken, Streifen oder netzartige Zeichnungen treten auf den Blättern auf. Jahr für Jahr sind mehr Blätter betroffen. Es kommt zu vorzeitigem Blattfall und einer allgemeinen Schwächung der Bäume.
Behandlung: Greifen Sie bei Neupflanzungen auf virusgetestetes Pflanzenmaterial zurück. Gegebenenfalls sollten Sie einen Blattlausbefall bekämpfen, da diese Tiere Viruskrankheiten übertragen. Eine direkte Bekämpfung mit Pflanzenschutzmitteln ist nicht möglich.

jan	feb	mär	apr	mai	jun	jul	aug	sep	okt	nov	dez

Stippigkeit (Kalziummangel)

Schadbild: Die Fruchtschale ist flach eingedellt, das Fruchtfleisch weist kleine braune Flecken (Stippen) auf.
Behandlung: Nehmen Sie eine Bodenprobe und untersuchen Sie den pH-Wert des Bodens mit einem Schnelltest, z. B. pH-Bodentest. Achten Sie auf eine ausgewogene Wasser- und Nährstoffversorgung. Können Sie den Mangel dadurch nicht beheben, sind Spritzungen mit Kalziumsalzen während der Fruchtreife erfolgversprechend.
Mittel: Spezialdünger: Düngal gegen Kalciummangel (Spiess-Urania).

jan	feb	mär	apr	mai	jun	jul	aug	sep	okt	nov	dez

Blattdüngung

In glasigen Früchten hat sich in den Zwischenzellräumen, die normalerweise mit Luft gefüllt sind, Flüssigkeit angesammelt.
Die Ursachen der **Glasigkeit** liegen in einer ungleichmäßigen Wasser- und Nährstoffversorgung, die besonders in heißen Sommern auftritt. Manchmal bilden sich die Symptome im Lager etwas zurück, sie können aber auch in **Fleischbräune** übergehen. Betroffene Früchte verlieren an Geschmack, können aber unbedenklich verwertet werden.

Schneidet man die Früchte von unserem 'Holsteiner Cox' auf, erkennt man große Stellen mit durchscheinendem, glasigem Fruchtfleisch. Äußerlich sehen die Früchte gesund aus. Ist das eine Krankheit?

Auf unserem Apfelbaum haben sich ein paar Misteln angesiedelt. Eigentlich finde ich sie sehr schön und würde ich sie gerne dort belassen. Leiden die Sträucher sehr darunter?

Nein, **Misteln** gehören eher zu den »sanften« Schmarotzern. Sie schaden den Bäumen erst, wenn sie sich in größeren Mengen ansiedeln. Misteln schlagen ihre Wurzeln in das Holz ihrer Wirte und entziehen ihnen Wasser und Nährstoffe. Sie haben aber grüne Blätter und produzieren ihre Pflanzensäfte selber.

Unsere alten Apfelbäume sind an Stamm und Ästen mit Flechten überzogen. Werden die Bäume davon geschwächt? Was können wir dagegen tun?

Flechten sind eine Lebensgemeinschaft aus Pilzen und Algen. Während der Pilz für die Vermehrung zuständig ist, sorgen die Algen für die Ernährung. Flechten benutzen den Baum lediglich als Standort. Sie schwächen ihn nicht, da sie ihre Nährstoffe nur aus der Luft beziehen. Flechten sind ein Zeichen für besonders gute Luftqualität.

Frostrisse

Die Baumrinde platzt auf und reißt.
Weiteres siehe Seite 60.

Birne

Birnen-Gitterrost

Schadbild: Ab Mitte Mai entstehen blattoberseits zunächst gelbe, dann leuchtend orangefarbene, rundliche Flecken. Auf den Blattunterseiten bilden sich ab Juli/August dicke, knollenartige Pusteln, aus denen eine gelbe Sporenmasse austritt. Diese Sporen infizieren verschiedene Wacholderarten, vor allem aber den Sadebaum. Hier überwintert der Pilz und infiziert im nächsten Frühjahr wiederum die Birne. Trotz des auffälligen Schadbildes ist eine schwächende Wirkung auf den Baum erst ab drei Infektionsstellen pro Blatt zu erwarten. Siehe dazu auch Frage Seite 71.
Behandlung: Sinnvoll wäre es, wenn Sie den Sadebaum als Zwischenwirt entfernen, zumindest wenn in der Nachbarschaft keine weiteren Wacholder stehen. Mit dem regelmäßigen Einsatz

von Pflanzenstärkungsmitteln von Mitte April bis Mitte Mai mobilisieren Sie die pflanzeneigenen Widerstandkräfte. Speziell gegen diese Krankheit ist z. Zt. kein Pflanzenschutzmittel zugelassen. Bei Behandlungen gegen Schorf wird aber gleichzeitig auch der Birnengitterrost eingedämmt.
Mittel: Zur Pflanzenstärkung: Neudo-Vital Obst-Pilzschutz (Neudorff).

jan	feb	mär	apr	mai	jun	jul	aug	sep	okt	nov	dez

Spritzen

Obstmade (Apfelwickler)

Vorzeitiger Fruchtfall schon ab Juni. Die Früchte haben ein kotgefülltes Bohrloch. Ab August tritt eine 2. Generation der Raupen auf, die an den reifenden Früchten große Schäden verursachen kann. Weiteres siehe Seite 61.

Birnen-Pockenmilbe

Schadbild: Auf und unter den Blättern bilden sich anfangs grüne Pocken, die sich langsam rötlich färben und dann dunkelbraun werden. Auch Früchte und junge Triebe können befallen werden. In den Pocken leben winzige, mit bloßem Auge nicht zu erkennende Milben. Diese können die Pocken verlassen und wieder neue Blätter besiedeln. Die letzte Generation im Jahr wandert zu den Knospen und überwintert dort. Während des Austriebs im nächsten Frühjahr werden dann sofort wieder die ersten Blätter befallen.
Behandlung: Bei geringem Befall genügt es, wenn Sie die kranken Blätter entfernen und vernichten. Bei jährlich auftretendem Befall ist eine Austriebsspritzung bei beginnender Öffnung der Blattknospen sinnvoll. Wenn Sie gegen Schorf mit einem schwefelhaltigen Mittel behandeln, können Sie auch mit einer guten Wirkung gegen Pockenmilben rechnen.
Mittel: Austriebsspritzmittel Oliocin (NW; Bayer), Promanal Austriebsspritzmittel (NW; Neudorff).

jan	feb	mär	apr	mai	jun	jul	aug	sep	okt	nov	dez

Austriebsspritzung

Wühlmaus, Schermaus

Obstbaumwurzeln sind teilweise oder vollständig abgefressen. Die Bäume stehen nur noch locker im Boden und können auch kippen. Wühlmäuse sind das ganze Jahr über aktiv. Weiteres siehe Seite 59.

Frostspanner

Schon beim Austrieb findet man grünliche, gefräßige Raupen, die sich mit einem typischen Katzenbuckel fortbewegen. Die Raupen fressen an den Knospen, später verursachen sie einen Lochfraß an Blättern und Blüten. Weiteres siehe Seite 59.

Birnen-Gallmücke

Schadbild: Junge Früchte schwellen anfangs kugelig an. Sie wachsen schneller als die nicht befallenen Früchte und bilden Dellen. Später werden sie braunschwarz und fallen vorzeitig ab. Im Inneren der Früchte fressen zahlreiche gelblichweiße Larven. Die Larven verpuppen sich im Boden und überwintern dort. Im Frühjahr schlüpfen dann die erwachsenen Mücken und legen Eier in die noch geschlossenen Blütenknospen.
Behandlung: Greifen Sie bei Neuanpflanzungen auf früh oder sehr spät blühende Sorten zurück, da vor allem die mittelfrühen Sorten betroffen sind. Befallene Früchte abpflücken oder aufsammeln und vernichten. Pflanzenschutzmittel sind z. Zt. nicht zugelassen.

jan	feb	mär	**apr**	**mai**	**jun**	jul	aug	sep	okt	nov	dez

Schorf

Auf den Blättern bilden sich oft schon früh im Jahr graubraune Flecken. An Früchten entstehen verschorfende dunkle Flecken und Fäulnis. Weiteres siehe Seite 64.

Monilia-Fruchtfäule

An reifen Früchten entstehen faulende Stellen mit kreisrunden, hellen Pilzpolstern. Weiteres siehe Seite 65.

Feuerbrand

Schadbild: Bakterielle Krankheit, durch die Blüten, Blätter und Triebspitzen braunschwarz gefärbt, ja wie verbrannt aussehen. Die infizierten Triebspitzen sind hakenförmig gebogen. Die Blätter befallener Triebe werden nicht abgeworfen. Bei Feuchtigkeit sind Schleimtröpfchen an den befallenen Trieben zu erkennen. Birnen sind stärker betroffen als Äpfel.
Behandlung: Meldepflichtige Krankheit (Pflanzenschutzamt informieren!) Befallene Pflanzenteile sollten Sie weit bis in das gesunde Holz zurückschneiden, stark befallene Pflanzen komplett roden. Eine direkte Bekämpfung mit Pflanzenschutzmitteln ist nicht möglich.

jan	feb	mär	apr	mai	jun	jul	aug	sep	okt	nov	dez

Frostrisse

Die Baumrinde platzt auf und reißt. Weiteres siehe Seite 60.

Unsere Birnbäume werden Jahr für Jahr mehr oder weniger stark von Birnen-Gitterrost befallen. Trotzdem tragen sie meistens recht gut. Aber können wir die Früchte von einem solchen kranken Baum überhaupt bedenkenlos essen?

Die Früchte von Ihren Birnbäumen können Sie auf jeden Fall essen. Selbst wenn der Pilzbefall auf die Frucht übergehen sollte (was er in der Regel nicht tut) genügt es, die befallene Stelle weg zu schneiden.

Kirsche

Kirschmade (Kirsch-Fruchtfliege)

Schadbild: Die Früchte haben am Stielansatz braune, eingesunkene, weiche Stellen. Der Stein lässt sich im Inneren der Kirsche leicht verschieben. In den befallenen Früchten frisst eine weißliche Made. Verursacht wird der Schaden durch die Kirsch-Fruchtfliege, die in die sich gelb färbenden Früchte ein Ei legt, aus dem die Made schlüpft. Die Maden fallen mit den Früchten zu Boden und überwintern dort.
Behandlung: Ernten Sie die Bäume immer komplett ab. Befallene, abgeworfene Kirschen aufsammeln und vernichten. Zu Beginn der Gelbfärbung der Früchte können Sie gelbe Leimtafeln im Baum aufhängen, um die erwachsenen Fliegen abzufangen. Ein Pflanzenschutzmittel ist z. Zt. gegen diese Krankheit nicht zugelassen.
Mittel: Leimtafeln: KirschMadenfalle (Neudorff), Kirschfruchtfliegen-Falle (Compo).

Leimtafeln

jan	feb	mär	apr	mai	jun	jul	aug	sep	okt	nov	dez

Schwarze Kirsch-Blattlaus

Schadbild: Auf den Blattunterseiten saugen schon im zeitigen Frühjahr schwarze Läuse. Die Blätter kräuseln sich und rollen sich nach unten ein. Die Triebspitzen sind deformiert. Weiteres siehe Seite 19.
Behandlung: Finden Sie im Winter viele Läuseeier an den Triebspitzen, sollten Sie direkt vor dem Austrieb eine Austriebsspritzung durchführen. Bei starkem Befall ist eine direkte Bekämpfung mit verschiedenen Insektiziden denkbar.
Mittel: Promanal Austriebsspritzmittel (NW; Neudorff), Austriebsspritzmittel Oliocin (NW; Bayer), Austrieb-Spitzmittel (NW; Compo); zur Bekämpfung: Schädlingsfrei Naturen (Celaflor), Neudosan Blattlausfrei (EW; Neudorff).

Spritzen
Austriebsspritzung

jan	feb	mär	apr	mai	jun	jul	aug	sep	okt	nov	dez

Frostspanner

Schon beim Austrieb findet man grünliche, gefräßige Raupen, die sich mit einem typischen Katzenbuckel fortbewegen. Die Raupen fressen an den Knospen, später verursachen sie einen Lochfraß an Blättern und Blüten. Weiteres siehe Seite 60.

Schwarze Kirsch-Blattwespe

Schadbild: Von Juni bis Ende August findet man auf den Blättern bis zu 1 cm große schwarze, schleimige, nacktschneckenähnliche Larven. Sie schaben die Blätter soweit ab, dass nur noch die untere Haut übrig bleibt, der so genannte Fensterfraß. Die Schäden der zweiten Generation, die etwa ab Ende Juli auftritt, sind deutlich stärker als die der ersten. Etwa ab September kriechen die Larven in den Boden und überwintern.
Behandlung: Die Blätter mit den Larven abpflücken und vernichten. Bei starkem Befall mit einem Insektizid behandeln.
Mittel: Spruzit Käfer und Raupenfrei (EW; Neudorff).

jan	feb	mär	apr	mai	jun	jul	aug	sep	okt	nov	dez

▭ Spritzen

Monilia-Spitzendürre

Schadbild: Zum Ende der Blütezeit sterben plötzlich Blüten und Triebspitzen ab, später sind auch Blätter und ganze Zweige betroffen. Die vertrockneten Blüten werden nicht abgestoßen. Die Krankheit breitet sich nach feuchten Blühperioden besonders stark aus. Der Pilz infiziert die Bäume über die Blüten. Die Überwinterung erfolgt in den befallenen Pflanzenteilen. Hauptsächlich sind Kirschen und Äpfel betroffen.
Behandlung: Bei Neuanpflanzungen können Sie auf weniger empfindliche Sorten ausweichen. Um weitere Ansteckung zu vermindern, sollte man kranke Pflanzenteile wegschneiden und vernichten. Pflanzenstärkungsmittel ab Blühbeginn mobilisieren die pflanzeneigenen Widerstandkräfte. Eine direkte Bekämpfung können Sie während der Blütezeit mit einem Pilzbekämpfungsmittel durchführen.

Mittel: zur Pflanzenstärkung: Neudo-Vital Obst-Pilzschutz (Neudorff); zur Bekämpfung: Teldor Obst-Pilzfrei (Bayer), Pilzfrei Ectivo (Celaflor).

Spritzen	jan	feb	mär	apr	mai	jun	jul	aug	sep	okt	nov	dez

Monilia-Fruchtfäule

An reifen Früchten entstehen faulende Stellen mit kreisrunden, hellen Pilzpolstern. Weiteres siehe Seite 65.

Schrotschusskrankheit

Schadbild: Im zeitigen Frühjahr zeigen sich auf den Blättern rote Flecken. Das Gewebe in den Flecken stirbt ab und fällt heraus. Es entstehen die typischen Schrotschusslöcher. Das Laub fällt schon im Sommer von den Bäumen. An den Früchten entstehen eingesunkene, rot umrandete Flecken. Die Früchte sind deformiert und ungenießbar. Im Sommer werden die jungen Triebe infiziert, in denen die Krankheitserreger überwintern.
Behandlung: Greifen Sie bei Neuanpflanzungen auf weniger empfindliche Sorten zurück. Befallene Triebe sollten Sie im Winter bis ins gesunde Holz zurückschneiden, heruntergefallenes Laub entfernen. Gefährdete Bäume können Sie, bei sehr feuchtem Wetter während der Austriebsphase (vor der Blüte), mehrmals mit einem Pilzbekämpfungsmittel behandeln.
Mittel: Kupferkalk Cupravit (EW; Bayer), Kupferkalk Atempo (EW; Neudorff).

Spritzen	jan	feb	mär	apr	mai	jun	jul	aug	sep	okt	nov	dez

Sprühfleckenkrankheit

Schadbild: Ab Mai/Juni treten auf der Blattoberseite rotviolette, unregelmäßige Flecken auf. Blattunterseits sind weiße Flecken mit rötlichem Rand zu sehen, die durch Blattadern scharf begrenzt werden. Stark befallene Blätter vergilben und fallen vorzeitig ab.

Die Krankheit tritt vor allem in niederschlagsreichen Frühjahrsmonaten auf. Die Überwinterung erfolgt auf dem Falllaub.
Behandlung: Das heruntergefallene Laub zusammenkehren und entfernen. Mit der regelmäßigen Anwendung von Pflanzenstärkungsmitteln vom Ende der Blüte bis zur Ernte stärken Sie die pflanzeneigenen Widerstandkräfte. Speziell gegen diese Krankheit ist z. Zt. kein Pflanzenschutzmittel zugelassen.
Mittel: Zur Pflanzenstärkung: Neudo-Vital Obst-Pilzschutz (Neudorff).

jan	feb	mär	apr	mai	jun	jul	aug	sep	okt	nov	dez

Spritzen

Valsakrankheit

Schadbild: Das Rindengewebe stirbt ab und wird schwarz. Kleine, warzenartige Erhebungen auf den abgestorbenen Stellen bilden die so genannte Krötenhaut. Es entstehen Pilzfruchtkörper, aus denen eine klebrige Masse austritt. Die Blätter der befallenen Äste welken. Besonders anfällig sind Kirschbäume auf schweren Böden mit schlechter Wasserführung. Der Erreger dieser Pilzkrankheit infiziert über Wunden und Blattnarben.
Behandlung: Schneiden Sie befallene Stellen nach der Ernte bis ins gesunde Holz zurück. Größere Wunden dabei mit einem Wundverschlussmittel behandeln. Im Herbst während des Laubfalls oder im Frühjahr vor der Blüte können Sie vorbeugend mit einem Kupferpräparat behandeln.
Mittel: Zum Wundverschluss: Malusan Wundverschluss (Neudorff), Lac Balsam (Celaflor), Magnicur Baumwundverschluss (Bayer); zur Bekämpfung: Kupferkalk Cupravit (EW; Bayer), Kupferkalk Atempo (EW; Neudorff).

jan	feb	mär	apr	mai	jun	jul	aug	sep	okt	nov	dez

Spritzen

An unserer Süßkirsche fallen einige Wochen nach der Blüte die jungen Früchte in großer Zahl ab. Was ist die Ursache?

Der **vorzeitige Fruchtfall** ist auf eine schlechte Befruchtung zurückzuführen. Dies kann z. B. durch feucht-kaltes Blühwetter, Blütenfrost oder durch das Fehlen der richtigen Befruchtersorte bedingt sein. Tritt der Fruchtfall wiederholt auf, sollten Sie die Pflanzung einer zweiten Sorte in Erwägung ziehen.

Ich habe schon oft beobachtet, dass an unserem Kirschbaumstamm Ameisen auf- und abwandern. Können die Ameisen an den Kirschen einen Schaden anrichten?

Ameisen schädigen den Kirschbaum und seine Früchte nicht direkt. Wenn sich auf den Baumstämmen Ameisenstraßen bilden, sind meistens auch Blattläuse nicht weit. Ameisen ernähren sich von den Honigtauausscheidungen der Läuse und tragen sie weiter. Im Gegenzug schützen sie die Blattläuse vor deren Feinden. Nützlinge wie Marienkäfer und Florfliegenlarven können in Blattlauskolonien, die von Ameisen beschützt werden, nichts ausrichten. Sie können den Ameisenzulauf unterbrechen, indem Sie Leimringe um die Baumstämme legen, auf denen die Ameisen kleben bleiben.

Pfirsich und Aprikose

Grüne Pfirsich-Blattlaus

Schadbild: Aus schwarzen Wintereiern schlüpfen schon ab März kleine dunkelgrüne Läuse, die an den Blättern und Blütenknospen saugen. Weiteres siehe Seite 19.
Behandlung: Finden Sie im Winter viele Läuseeier an den Triebspitzen, sollten Sie eine Austriebsspritzung durchführen.
Mittel: Promanal Austriebsspritzmittel (NW; Neudorff), Austriebsspritzmittel Oliocin (NW; Bayer); zur Bekämpfung: Neudosan Blattlausfrei (EW; Neudorff), Schädlingsfrei Hortex (Celaflor).

Spritzen
Austriebsspritzung

jan	feb	mär	apr	mai	jun	jul	aug	sep	okt	nov	dez

Frostspanner

Grünliche Raupen, die sich mit einem typischen Katzenbuckel fortbewegen. Sie fressen an Knospen, und verursachen Lochfraß an Blättern und Blüten. Weiteres siehe Seite 59.

Kräuselkrankheit

Schadbild: Kurz nach dem Austrieb findet man blasig aufgetriebene, hellgrüne oder rötliche Deformationen an den Blättern.

Es kommt zu vorzeitigem Laub- und Fruchtfall und einer allgemeinen Schwächung des Baumes. Der Neuaustrieb der Blätter im Juni ist meistens wieder frei von Krankheitssymptomen. Der Pilz überwintert an Trieben und zwischen Knospenschuppen.
Behandlung: Weichen Sie bei Neuanpflanzungen auf resistente oder weniger empfindliche Sorten aus. Entfernen Sie die gekräuselten Blätter schon vom Baum, bevor sie abfallen. So mindern Sie den Befallsdruck und fördern einen früheren Neuaustrieb der Blätter. Sobald die Knospen schwellen, setzt man vorbeugend Kupferpräparate und/oder Pflanzenstärkungsmittel ein.
Mittel: Zur Pflanzenstärkung: Neudo-Vital Obst-Pilzschutz (Neudorff); zur Bekämpfung: Kupferkalk Atempo (EW; Neudorff), Kupferkalk Cupravit (EW; Bayer).

jan	feb	mär	apr	mai	jun	jul	aug	sep	okt	nov	dez

Spritzen

Monilia-Fruchtfäule

An reifen Früchten entstehen faulende Stellen mit kreisrunden, hellen Pilzpolstern. Weiteres siehe Seite 65.

Schrotschusskrankheit

Im zeitigen Frühjahr zeigen sich auf den Blättern rote Flecken. Das Gewebe in den Flecken stirbt ab und fällt heraus. Es entstehen die typischen Schrotschusslöcher. Weiteres siehe Seite 74.

Valsakrankheit

Die Rinde stirbt stellenweise ab und wird schwarz. Kleine, warzenartige Erhebungen auf den abgestorbenen Stellen bilden die so genannte Krötenhaut. Weiteres siehe Seite 75.

Frostrisse

Die Baumrinde platzt auf und reißt. Weiteres siehe Seite 60.

Pflaume, Zwetsche

Pflaumen-Wickler (Pflaumenmade)

Schadbild: Die befallenen Früchte werden vorzeitig reif und fallen meistens ab. Man findet in der Außenhaut ein Loch mit einem Harztropfen. Im Inneren der Früchte frisst eine orangegelbe Raupe mit dunklem Kopf, die Kotreste hinterlässt. Die Raupen schlüpfen aus den Eiern des Pflaumenwicklerfalters, der sie ab Ende Mai an die kleinen Früchte legt. Die erwachsene Raupe verlässt die Frucht und verpuppt sich im Boden. Die zweite Generation erscheint ab Juli/August und richtet häufig großen Schaden an.
Behandlung: Fallobst aufsammeln und vernichten. Ab Ende Juni können Sie am unteren Drittel des Stammes Wellpappegürtel als Versteck zur Verpuppung oder Überwinterung anlegen. Kontrollieren Sie die Verstecke regelmäßig. Mit einer beleimten Pheromonfalle (Sexuallockstoff) lassen sich die Männchen wegfangen. Der Befallsdruck wird so vermindert. Spritzpräparate sind gegen diesen Schädling z. Zt. nicht zugelassen.
Mittel: Pheromonfallen: Pflaumenmaden-Fallen (Compo), Neudomon Pflaumenmaden-Falle (Neudorff).

Pheromonfalle
Wellpappegürtel

jan	feb	mär	apr	mai	jun	jul	aug	sep	okt	nov	dez

Mehlige Pflaumen-Blattlaus

Auf der Blattunterseite saugen rosagraue, weiß bepuderte Läuse. Blätter kräuseln sich stark und vertrocknen.
Weiteres siehe Seite 19.

Pflaumen-Gallmilbe

Schadbild: Auf der Blattunterseite entstehen anfangs grünliche, später rötliche Ausstülpungen. Diese länglichen, ca. 2 mm großen Gallen haben eine wulstige Schlitzöffnung auf der Blattoberseite. Darin sitzen gut geschützt die Milben. Werden auch die Früchte befallen, entstehen daran etwas größere, kraterförmige Gallen.

Die Überwinterungsformen der Milben sitzen in Rindenritzen und in den Knospen.
Behandlung: Pflücken Sie befallene Blätter ab und vernichten Sie diese. Bei jährlich stärker werdendem Befall eine Austriebsspritzung vornehmen. Diese muss bei beginnendem Austrieb, bevor sich die Milben in den Gallen verstecken, erfolgt sein.
Mittel: Austriebsspritzmittel Oliocin (NW; Bayer), Promanal Austriebsspritzmittel (NW; Neudorff).

jan	feb	mär	apr	mai	jun	jul	aug	sep	okt	nov	dez

Austriebsspritzung

Narren- oder Taschenkrankheit

Schadbild: Nach der Blüte verändern sich die befallenen Früchte auffällig. Sie erscheinen größer als die gesunden, und es kommt zu bizarren Verformungen (daher der Name Narrenkrankheit). Später werden die Früchte von einem weißlichen Belag überzogen. Sie bilden keinen Stein aus, fallen vorzeitig ab oder bleiben als Fruchtmumien hängen. Die Krankheit verbreitet sich vor allem bei feucht-kühler Witterung während der Blütezeit. Die Überwinterung des Pilzes erfolgt in den Fruchtmumien oder an den Trieben.
Behandlung: Die »Narrenfrüchte« absammeln und vernichten. Kurz vor dem Austrieb bis zum Ende der Blüte können Sie die Bäume vorbeugend mit einem Pflanzenstärkungsmittel behandeln, um die Widerstandskräfte zu erhöhen. Für eine direkte chemische Bekämpfung des Pilzes ist z. Zt. im Hausgarten kein Mittel zugelassen.
Mittel: Zur Pflanzenstärkung: Neudo-Vital Obst-Pilzschutz (Neudorff).

jan	feb	mär	apr	mai	jun	jul	aug	sep	okt	nov	dez

Spritzen

Monilia-Spitzendürre

Zum Ende der Blütezeit sterben plötzlich Blüten und Triebspitzen ab, später sind auch Blätter und ganze Zweige betroffen.
Weiteres siehe Seite 73.

Monilia-Fruchtfäule

An reifen Früchten entstehen faulende Stellen mit kreisrunden, hellen Pilzpolstern. Die Infektion erfolgt über Verletzungen. Weiteres siehe Seite 67.

Schrotschusskrankheit

Im zeitigen Frühjahr zeigen sich auf den Blättern rote Flecken. Das Gewebe in den Flecken stirbt ab und fällt heraus. Es entstehen die typischen Schrotschusslöcher. Das Laub fällt vorzeitig von den Bäumen. Weiteres siehe Seite 74.

Pflaumen-Rost

Schadbild: Ab Juni entstehen auf den Blättern gelbe Flecken. Blattunterseits findet man braunschwarze, stecknadelkopfgroße Punkte, die Pilzsporenlager. Von ihnen aus werden durch den Wind immer neue Blätter infiziert. Der Höhepunkt der Entwicklung ist im Juli/August. Die Blätter trocknen ein und fallen ab. Der Pilz überwintert vor allem auf dem Falllaub und infiziert im Frühjahr verschiedene Anemonen-Arten. Die Anemonen übertragen die Krankheit dann wieder auf die Zwetschenbäume.
Behandlung: Kehren sie das Falllaub zusammen und entfernen sie es. Pflanzen Sie möglichst keine Anemonen in der Nähe an, um den Zwischenwirt auszuschalten. Pflanzenstärkungsmittel fördern die pflanzeneigenen Widerstandskräfte und können vorbeugend ab Mitte Mai eingesetzt werden. Voraussetzung ist eine regelmäßige Anwendung. Für eine direkte chemische Bekämpfung ist z. Zt. im Hausgarten kein Mittel zugelassen.
Mittel: Zur Pflanzenstärkung: Neudo-Vital Obst-Pilzschutz (Neudorff).

Spritzen: mai–aug

jan	feb	mär	apr	mai	jun	jul	aug	sep	okt	nov	dez

Erdbeere

Schnecken

Schadbild und **Behandlung:** Siehe Seite 48.
Mittel: Ferramol Schneckenkorn (Neudorff), Schneckenkorn (Compo), Schneckenkorn Limex (Celaflor).

jan	feb	mär	apr	mai	jun	jul	aug	sep	okt	nov	dez

Schneckenkorn

Erdbeer-Blütenstecher

Schadbild: Die Knospen knicken ab, werden braun und fallen teilweise zu Boden. Verursacher sind kleine, dunkle Käfer, die die Blütenstiele annagen. In den Knospen frisst eine gelblichweiße Larve. Die sich daraus entwickelnden Käfer überwintern und beginnen im nächsten Frühjahr erneut mit der Eiablage und dem Annagen der Blütenknospen.
Behandlung: Um eine Ausbreitung zu vermeiden, sammeln Sie die abgeknickten Blüten ab und vernichten sie. Wechseln Sie bei Neuanpflanzungen unbedingt die Fläche. Der Befall wird dann geringer sein, da die Käfer flugunfähig sind.

jan	feb	mär	apr	mai	jun	jul	aug	sep	okt	nov	dez

Dickmaulrüssler

Schadbild: Die Pflanzen welken und können leicht aus dem Boden gezogen werden. Die Wurzeln sind abgefressen. Im Boden findet man 1 cm lange, weißliche Larven mit braunem Kopf und ohne Beine. Die Blattränder werden von den erwachsenen Käfern buchtenförmig angefressen. Weiteres siehe Seite 20.
Behandlung: Die Larven können Sie mit säuberischen Nematoden (Nützlinge) durchführen, die im Frühjahr und im Herbst ausgebracht werden.

jan	feb	mär	apr	mai	jun	jul	aug	sep	okt	nov	dez

Nützlingseinsatz

Grauschimmel

Schadbild: An den Früchten (auch die grünen werden schon befallen) bilden sich braune Stellen, die schnell größer werden. Später werden sie von einem mausgrauen Pilzrasen überzogen. Weiteres siehe Seite 96.
Mittel: Zur Pflanzenstärkung: Neudo-Vital Obst-Pilzschutz (Neudorff); zur Bekämpfung: Obst-Pilzfrei Teldor (Bayer).

jan	feb	mär	apr	mai	jun	jul	aug	sep	okt	nov	dez

Weiß- und Rotfleckenkrankheit

Schadbild: Vor allem nach, aber auch schon während der Erntezeit entstehen auf den Blättern kleine, rote Flecken, bei der Weißfleckenkrankheit mit weißem Zentrum. Bei starkem Befall fließen die Flecken zusammen und die Blätter sterben ab. Die Pilze überwintern auf dem befallenen Laub.
Behandlung: Halten Sie die Pflanzen möglichst trocken, um ein Ausbreiten der Krankheit zu verhindern. Nach der Ernte können Sie das Laub bis auf die Herzblätter zurückschneiden und vernichten. Die Pflanzen treiben wieder aus, wobei der Neuaustrieb in der Regel gesund ist. Besonders gefährdete Bestände vor der Blüte und nach der Ernte mit kupferhaltigen Spritzmitteln behandeln.
Mittel: Kupferkalk Atempo (Neudorff) oder Kupferkalk Cupravit (Bayer).

☐ Spritzen

jan	feb	mär	apr	mai	jun	jul	aug	sep	okt	nov	dez

Rhizomfäule (Lederbeerenkrankheit)

Schadbild: An den Herzblättern beginnend welkt die Pflanze. Schnell greifen die Symptome auch auf die älteren Blätter über, bis die Pflanze schließlich abstirbt. Schneidet man das Wurzelrhizom durch, findet man braune Faulstellen. Die Früchte werden gummiartig, ledrig und ungenießbar. Oft ist nur eines der Symptome zu beobachten. Der Pilz überwintert im Boden.

Behandlung: Bei Neuanpflanzungen auf weniger empfindliche Sorten zurückgreifen. Wechseln Sie unbedingt die Fläche. Kranke Pflanzen entfernen und vernichten. In gefährdeten Beständen können Sie zur Blütezeit eine Spritzung gegen den Fruchtbefall durchführen. Gegen den Befall der Herzblätter und der Wurzel kann man das Mittel bei der Pflanzung vorbeugend gießen.
Mittel: Spezial-Pilzfrei Fosetyl (Bayer), Spezial Pilzfrei Aliette (Celaflor).

jan	feb	mär	apr	mai	jun	jul	aug	sep	okt	nov	dez

Spritzen
Gießbehandlung

Erdbeer-Mehltau

Schadbild: Vor allem die Blattunterseiten sind mit einem feinen mehlartigen Belag überzogen. Die Blätter färben sich rötlichviolett und rollen sich nach oben ein. Manchmal werden auch die Früchte befallen und dadurch ungenießbar. Die Pilzkrankheit überwintert auf dem befallenen Laub.
Behandlung: Pflanzen Sie möglichst widerstandsfähige Sorten. Nach der Ernte das Laub bis auf die Herzblätter zurückschneiden und vernichten. Die Pflanzen treiben wieder aus, wobei der Neuaustrieb in der Regel gesund ist. Bei starkem Befallsdruck können Sie im nächsten Jahr durch vorbeugende Behandlungen mit Pflanzenstärkungsmitteln die Widerstandskraft gegen diese Krankheit erhöhen.
Mittel: Neudo-Vital Obst-Pilzschutz (Neudorff).

jan	feb	mär	apr	mai	jun	jul	aug	sep	okt	nov	dez

Spritzen

Anfang Mai haben unsere Erdbeeren einen reichen Blütenansatz gehabt. Leider tragen sie jetzt kaum Früchte. Aufgefallen ist uns, das viele Blüten in der Mitte schwarz geworden sind. War das ein Krankheitsanzeichen?

Ihre Erdbeerernte ist wahrscheinlich einem **Spätfrost** zum Opfer gefallen. Schon bei -0,5 bis -1 °C können Frostschäden an Erdbeerblüten entstehen. Das Blüteninnere färbt sich dann schwarz, die Blütenblätter bleiben meist weiß. Wenn Spätfröste angesagt sind, können Sie die Erdbeerpflanzen über Nacht mit einem Vlies abdecken. Besonders empfindlich sind früh blühende Sorten, die ihre Blüten bis weit über das Laub schieben. Wählen Sie für die nächste Pflanzung also besser eine späte Sorte, wie 'Polka' oder 'Senga Sengana'.

Himbeere und Brombeere

Himbeermade (Himbeerkäfer)

Schadbild: Im Mai/Juni fressen braungraue, 4-5 mm große Käfer an Blättern, Blüten und Knospen. Sie legen ihre Eier in die befruchteten Blüten. Später findet man die gelblichen Larven (Maden) dieser Käfer in den Früchten. Hauptsächlich Himbeeren, aber auch Brombeeren werden befallen. Zur Zeit der Fruchtreife verlassen die Larven die Früchte, verpuppen sich im Boden und überwintern dann als Käfer. Diese erscheinen dann im Mai/Juni wieder und beginnen mit dem Fraß und der Eiablage.
Behandlung: Bei starkem Befall können Sie die Käfer frühmorgens in ein Gefäß mit Wasser abklopfen. Befallene Früchte sollten Sie abpflücken und vernichten. Für eine direkte Bekämpfung ist im Hausgarten z. Zt. kein Mittel zugelassen.

jan	feb	mär	apr	mai	jun	jul	aug	sep	okt	nov	dez

Brombeer-Gallmilbe (nur an Brombeeren)

Schadbild: Die Beeren reifen ungleichmäßig, bleiben ganz oder teilweise hellrot und hart. Sie schmecken sauer. Mit einer starken Vergrößerungslupe erkennt man winzige Milben, die zwischen den Teilfrüchten am Fruchtboden saugen. Die Milben überwintern in Knospenschuppen und Rindenrissen. Von dort wandern sie im Frühjahr zu den Blüten und jungen Früchten.
Behandlung: Befallene Früchte abpflücken und vernichten. Schneiden Sie abgeerntete Triebe direkt über dem Boden ab und vernichten Sie diese. Den Boden sollten Sie stets feucht halten und mulchen. Bei erfahrungsgemäß starkem Befall können Sie die Milben während ihrer Wanderung vom Winterquartier auf die neu austreibenden Ruten mit einem Spritzmittel abtöten.
Mittel: Netz-Schwefelit (EW; Neudorff), Schädlingsfrei Naturen (Celaflor).

Spritzen

jan	feb	mär	apr	mai	jun	jul	aug	sep	okt	nov	dez

Himbeerruten-Gallmücke

Schadbild: Ab Mitte Mai sind im bodennahen Bereich fleckenartige Verbräunungen an der Rinde zu erkennen. Unter der Rinde befinden sich 2-3 mm lange rötliche Larven. Erwachsene Larven lassen sich zu Boden fallen und entwickeln sich in der Erde zu Gallmücken, die erneut Eier in Rindenritzen legen. Die direkten Schäden durch den Befall haben keine große Bedeutung. Jedoch tragen die Schäden auf Grund der Verletzungen, die an den Ruten entstehen, zur Verbreitung der Himbeer-Rutenkrankheit bei (siehe unten).
Behandlung: Schneiden Sie regelmäßig nach der Ernte die abgetragenen Ruten direkt über dem Boden ab. Befallene Ruten sofort entfernen und vernichten, möglichst bevor die Larven die Ruten verlassen. Für eine direkte Bekämpfung ist im Hausgarten z. Zt. kein Mittel zugelassen.

jan	feb	mär	apr	mai	**jun**	**jul**	**aug**	**sep**	okt	nov	dez

Himbeer-Blütenstecher, Brombeer-Blütenstecher

Die Stiele der noch knospigen Blüten werden von kleinen, dunklen Käfern angenagt. Die Blüten knicken ab und fallen teilweise zu Boden. Weiteres siehe Seite 81 unter »Erdbeer-Blütenstecher«.

Himbeer-Rutenkrankheit

Schadbild: Im Frühsommer bilden sich an den jungen Ruten braune bis blauviolette Flecken, die sich rasch ausdehnen. Die Rinde platzt an diesen Stellen auf, und schließlich sterben ganze Ruten ab. Die Krankheit wird von verschiedenen Pilzen verursacht. Sie überwintern auf den Ruten. Wegbereiter sind immer Verletzungen der Rinde, wie sie z. B. durch unregelmäßige Wasserführung (Risse) oder durch die Himbeerruten-Gallmücke entstehen.
Behandlung: Schneiden Sie regelmäßig nach der Ernte die abgetragenen Ruten direkt über dem Boden ab, damit die Pflanzen luf-

tig stehen und schnell abtrocknen können. Befallene Ruten sofort entfernen und vernichten. Sorgen Sie für eine gleichmäßige Bewässerung (möglichst nur morgens gießen) und eine ausgewogene Düngung. Mulchen Sie den Boden um eine Austrocknung zu verhindern. Für eine direkte Bekämpfung ist im Hausgarten z. Zt. kein Mittel zugelassen.

jan	feb	mär	apr	mai	jun	jul	aug	sep	okt	nov	dez

Grauschimmel

Die Früchte werden von einem mausgrauen Pilzrasen überzogen und ungenießbar. Die Krankheit breitet sich bei feuchter Witterung sehr rasch aus.
Weiteres siehe Seite 98.

Johannisbeere

Johannisbeer-Blasenlaus

Schadbild: Auf den Blättern zeigen sich blasig aufgetriebene Wölbungen, die sich von gelb zu rötlichviolett färben. Blattunterseits saugen kleine Läuse in den Aufwölbungen. Im Sommer wechseln die Läuse auf andere Pflanzen. Im Herbst zur Wintereiablage kehren sie dann wieder zurück. Es werden vor allem die Roten Johannisbeeren befallen.
Behandlung: Bei einem starken Vorjahresbefall empfiehlt sich eine Austriebsspritzung. Damit werden die Läuse bei beginnendem Austrieb der Knospen schon in den Eiern bekämpft. Eine direkte chemische Bekämpfung ist in der Regel nur bei einem sehr starken Befall notwendig.
Mittel: Austriebsspritzmittel Oliocin von (NW; Bayer), Promanal Austriebsspritzmittel (NW; Neudorff); zur Bekämpfung: Neudosan Neu Blattlausfrei (EW), Spruzit Schädlingsfrei (EW; Neudoff).

Spritzen
Austriebsspritzung

jan	feb	mär	apr	mai	jun	jul	aug	sep	okt	nov	dez

Johannisbeer-Gallmilbe

Schadbild: An befallenen Pflanzen findet man ballonartig verdickte Knospen, die nicht austreiben und später vertrocknen. Betroffen sind vor allem Schwarze Johannisbeeren, aber auch die roten und weißen Sorten können erkranken. Das Schadbild ist in unbelaubtem Zustand direkt vor dem Austrieb am leichtesten zu erkennen. In den kugeligen Knospen leben winzige Gallmilben, die mit bloßem Auge nicht zu erkennen sind. Diese verlassen nach dem Austrieb der gesunden Knospen ihr Versteck und saugen an den Blättern der Sträucher. Wenn sich im Mai/Juni neue Knospen bilden, dringen die Milben in diese ein. Die Gallmilben gelten als Überträger der Viruskrankheit »Brennnesselblättrigkeit« (siehe Seite 89).
Behandlung: Bei geringem Befall einzelne betroffene Knospen vor dem Austrieb ausbrechen und vernichten. Bei stärkerem Befall müssen Sie evtl. ganze Triebe entfernen. Während der Austriebsphase ist die Behandlung mit einem schwefelhaltigen Mittel zu empfehlen, das aber nur während der Wanderung der Milben wirksam ist.
Mittel: Netz-Schwefelit (Neudorff), Mehltau-frei Kumulus (Compo).

jan	feb	mär	apr	mai	jun	jul	aug	sep	okt	nov	dez

Spritzen

Johannisbeer-Glasflügler

Schadbild: Einzelne Triebe welken und sterben schließlich ab. Schneidet man den Trieb längs auf, findet man in einem kotgefüllten Gang eine weißliche Raupe. Diese überwintert in den Trieben und verpuppt sich. Im folgenden Frühjahr schlüpft ein Falter mit glasartigen Flügeln, der Eier an Schnittstellen oder Knospen legt. Hieraus schlüpfen wiederum die Larven, die sich in die Triebe einbohren. Betroffen sind vor allem Schwarze Johannisbeeren, manchmal auch Rote und Weiße.
Behandlung: Befallene Triebe ausschneiden und vernichten. Eine direkte chemische Bekämpfung ist im Hausgarten nicht möglich und in der Regel auch nicht nötig.

jan	feb	mär	apr	mai	jun	jul	aug	sep	okt	nov	dez

Stachelbeer-Blattwespe

Von innen nach außen werden die Sträucher von gelbgrünen Raupen mit kleinen schwarzen Warzen in relativ kurzer Zeit kahl gefressen. Weiteres siehe Seite 90.

Säulenrost

Schadbild: Im Frühsommer bilden sich auf der Blattoberseite helle Flecken, gleichzeitig findet man rostfarbene Pusteln auf den Blattunterseiten. Pilzsporen aus diesen Pusteln verbreiten sich weiter auf den Johannisbeerpflanzen. Im Spätsommer entwickeln sich die Pusteln zu kleinen gelbbraunen Säulchen. Die darin entstehenden Sporen infizieren fünfnadelige Kiefern, z. B. die Weymouthskiefer, und verursachen den Weymouthskiefern-Blasenrost. Hier überwintert der Pilz, um dann im folgenden Jahr wiederum die Johannisbeeren zu befallen. Neuesten Erkenntnissen zufolge ist eine Überwinterung auf dem Falllaub der Johannisbeere ebenfalls möglich.
Behandlung: Pflanzen Sie Johannisbeeren nicht in der Nähe der o.g. Kiefern an. Befallenes Laub sorgfältig zusammenkehren und vernichten. Regelmäßige Behandlungen mit Pflanzenstärkungsmitteln erhöhen die Widerstandsfähigkeit der Sträucher.
Mittel: Neudo-Vital Obst-Pilzschutz (Neudorff).

Spritzen

jan	feb	mär	apr	mai	jun	jul	aug	sep	okt	nov	dez

Amerikanischer Stachelbeer-Mehltau

An Schwarzen Johannisbeeren sind Triebspitzen, Blätter und Beeren von einem weißen, abwischbaren Pilzrasen überzogen. Weiteres siehe Seite 90.

Blattfallkrankheit

Schadbild: Ab Ende Mai findet man kleine dunkle Flecken auf den Blättern, die größer werden. Zuerst sind die unteren Blätter be-

troffen. Mit fortschreitendem Befall trocknen die Blätter ein und fallen vorzeitig ab. Feucht-kühle Witterung im April/Mai fördert die Krankheit, die vorwiegend Rote Johannisbeeren trifft. Die Überwinterung der Pilzsporen erfolgt auf den abgefallenen Blättern.
Behandlung: Kehren Sie abgefallenes Laub zusammen und entfernen Sie es. Die Sträucher sollten vollsonnig stehen und regelmäßig ausgelichtet werden, damit sie schnell abtrocknen. In feuchten Jahren können Sie häufig befallene Sträucher mit einem Pilzbekämpfungsmittel behandeln.
Mittel: Universal-Pilzfrei Euparen (Bayer).

jan	feb	mär	apr	mai	jun	jul	aug	sep	okt	nov	dez

Brennnesselblättrigkeit

Schadbild: Diese von Gallmilben übertragene Viruskrankheit zeigt sich durch Veränderungen der Blätter. Befallene Blätter sind kleiner, schmaler und weniger gezackt, so dass sie Brennnesselblättern ähnlich sind. Die Blütentrauben sind weniger fruchtbar, was zu geringeren Erträgen führt. Betroffen sind vor allem die Schwarzen Johannisbeeren, aber auch Weiße und Rote können erkranken.
Behandlung: Bekämpfen Sie die Johannisbeer-Gallmilben, die diese Viruskrankheit übertragen (siehe Seite 87). Befallene Triebe ausschneiden und bei starkem Befall den kompletten Strauch roden. Greifen Sie bei Neuanpflanzungen auf eine weniger anfällige Sorte zurück. Eine direkte chemische Bekämpfung ist nicht möglich.

jan	feb	mär	apr	mai	jun	jul	aug	sep	okt	nov	dez

Mein Johannisbeerstrauch wirft nach der Blüte einen Großteil der jungen Beeren ab. Woran kann das liegen?

Das **»Rieseln der Beeren«** ist auf eine schlechte Befruchtung zurückzuführen. Ursache können schlechte Kulturbedingungen oder feucht-kaltes Wetter zur Blütezeit sein. Achten Sie auf eine gleichmäßige Wasserversorgung und eine bedarfsgerechte Düngung. Außerdem sollten Sie stets zwei verschiedene Sorten pflanzen. Dies führt zu einer besseren Befruchtung und somit zu einer reicheren Johannisbeerernte.

Stachelbeere

Stachelbeer-Blattwespe

Schadbild: Von innen nach außen werden die Sträucher in relativ kurzer Zeit kahl gefressen. Verursacht wird der Schaden von 1-1,5 cm langen gelbgrünen Raupen mit kleinen schwarzen Warzen. Durch den Kahlfraß sind Sonnenbrandschäden an den Früchten möglich. Die Schädlinge treten in mehreren Generationen von Mai bis August auf. Die letzte Generation überwintert als Larve in der Erde. Im Mai schlüpfen dann kleine orangegelbe Wespen, die Eier an die Blätter legen. Aus diesen entwickeln sich wiederum die gefräßigen Raupen.
Behandlung: Kontrollieren Sie die Sträucher regelmäßig, da der Fraß im Inneren sehr unauffällig beginnt. Regelmäßiges Auslichten der Sträucher im Winter erleichtert die Früherkennung. Sammeln Sie die Raupen ab und entfernen Sie Blätter mit Eigelegen. Bei sehr starkem Befall können Sie eine Spritzbehandlung durchführen.
Mittel: Spruzit Käfer- und Raupenfrei (EW; Neudorff).

Spritzen

jan	feb	mär	apr	mai	jun	jul	aug	sep	okt	nov	dez

Johannisbeer-Gallmilbe

An befallenen Pflanzen findet man ballonartig verdickte Knospen, die nicht austreiben und später vertrocknen.
Weiteres siehe Seite 87.

Amerikanischer Stachelbeer-Mehltau

Schadbild: Die Triebspitzen, Blätter und Beeren sind von einem weißen, abwischbaren Pilzrasen überzogen. Später färbt sich der Belag bräunlich, die Früchte platzen und sind nicht verwertbar. Bei starkem Befall kümmern die Pflanzen. Die Krankheitsanfälligkeit ist sehr stark sortenabhängig. Der Pilz verbreitet sich vor allem an sonnigen Tagen mit taureichen Nächten und überwintert an Trieben und in Knospenschuppen.

Behandlung: Greifen Sie bei Neuanpflanzungen auf resistente Sorten zurück. Befallene Triebspitzen bis ins gesunde Holz zurückschneiden und vernichten. Die regelmäßige vorbeugende Anwendung von Pflanzenstärkungsmitteln erhöht die pflanzeneigene Widerstandskraft gegen Pilzbefall. Ab Befallsbeginn können Sie mit verschiedenen Pilzbekämpfungsmitteln eine Spritzbehandlung durchführen.
Mittel: Zur Pflanzenstärkung: Neudo-Vital Obst-Pilzschutz (Neudorff); zur Bekämpfung: Bio Blatt Mehltaumittel und Netz-Schwefelit (Neudorff), Mehltaufrei Kumulus (Compo).

jan	feb	mär	apr	mai	jun	jul	aug	sep	okt	nov	dez

Spritzen: apr–jul

Blattfallkrankheit

Beginnend in den unteren Partien der Sträucher entstehen kleine dunkle Flecken auf den Blättern, später fallen die Blätter vorzeitig ab. Weiteres siehe Seite 88.

Unsere roten Stachelbeeren standen schon kurz vor der Ernte. Plötzlich bekamen die Früchte nach ein paar heißen Sommertagen große, helle Flecken, die glasig erschienen und weich wurden. Habe ich mit der Ernte zu lange gezögert? Sind die Früchte jetzt überreif oder haben sie zum guten Schluss noch eine Krankheit bekommen?

Wahrscheinlich haben Ihre Stachelbeerfrüchte einen **Sonnenbrand** bekommen. Vor allem einige rote Sorten reagieren kurz vor der Vollreife empfindlich auf starke Sonneneinstrahlung. Um einen solchen Schaden zu vermeiden, können Sie Stachelbeeren auch im Halbschatten anbauen. Achten Sie bei Schnittmaßnahmen darauf, dass noch genügend Äste zur Beschattung stehen bleiben. Kontrollieren Sie Ihre Sträucher regelmäßig auf einen Befall mit der Stachelbeer-Blattwespe, die in kurzer Zeit das gesamte Schatten spendende Laub abfressen kann.

Wein

Pockenmilbe

Schadbild: Auf der Blattoberseite bilden sich schon im Frühjahr rötliche, gelbliche oder grünliche pockenartige Erhebungen. Unter den Blättern entsteht ein dichter, weißer Filz. Dort saugen mikroskopisch kleine Milben. Im Spätsommer verlassen die Milben die Pocken und wandern zur Überwinterung unter die Knospenschuppen. Mit Ertragseinbußen ist nur bei sehr starkem Befall zu rechnen.
Behandlung: Bei schwachem Befall genügt es, wenn Sie die Blätter mit den Pocken abpflücken, solange sich die Milben in den Pocken aufhalten. Wenn Sie befallene Pflanzen zwischen Austrieb und Blüte mit schwefelhaltigen Mitteln gegen Echten Mehltau behandeln, dämmen Sie die Pockenmilben mit ein.
Mittel: Netz-Schwefelit (NW; Neudorff).

▭ Spritzen

	jan	feb	mär	apr	mai	jun	jul	aug	sep	okt	nov	dez

Echter Mehltau

Schadbild: Im Mai/Juni bildet sich auf den Blattoberseiten und auch unter den Blättern ein mehlartiger Belag, der später braun wird. Auch die Triebe und Trauben werden befallen. Die Früchte platzen auf, trocknen aus und werden ungenießbar. An warmen Tagen kann es zu einer explosionsartigen Ausbreitung der Krankheit kommen. Der Pilz überwintert in den Knospen.
Behandlung: Bei Neuanpflanzungen auf resistente Sorten zurückgreifen. Sorgen Sie durch regelmäßige Schnittmaßnahmen für einen luftigen Pflanzenaufbau. Bei schwachem Befall kann man die befallenen Blätter wegschneiden und ab Befallsbeginn eine Spritzbehandlung durchführen. Bei wiederholt starkem Befall empfehlen sich regelmäßige Spritzungen schon vorbeugend zwischen Austrieb und Blüte.
Mittel: Netz-Schwefelit und Cueva Pilzfrei (Neudorff), Mehltaufrei Kumulus (Compo), Pilzfrei Ectivo (Celaflor).

▭ Spritzen

	jan	feb	mär	apr	mai	jun	jul	aug	sep	okt	nov	dez

Falscher Mehltau

Schadbild: Auf den Blättern entstehen ab Juni gelbliche Ölflecken. Blattunterseits bildet sich bei regnerischem Wetter weißer Schimmel. Bei starkem Befall werden die Blätter vorzeitig abgeworfen. Befallene Trauben trocknen ein und es entstehen die **Lederbeeren** (unteres Bild). Der Pilz überwintert auf den abgestoßenen Blättern.
Behandlung: Bei Neuanpflanzungen auf resistente Sorten zurückgreifen. Sorgen Sie durch regelmäßige Schnittmaßnahmen für einen luftigen Pflanzenaufbau. Blätter mit Ölflecken bitte abpflücken und vernichten, bevor sich der weiße Pilzbelag bildet. Falllaub vor dem Winter zusammenkehren und vernichten. Ab Sichtbarwerden der ersten Befallssymptome können Sie eine Spritzbehandlung durchführen. Bei wiederholt starkem Befall sind erste Spritzungen schon vorbeugend kurz nach der Blüte sinnvoll.
Mittel: Cueva Pilzfrei (Neudorff), Pilzfrei Polyram (Compo).

jan	feb	mär	apr	mai	jun	jul	aug	sep	okt	nov	dez

Spritzen

Grauschimmel

Schadbild: Ein grauer Pilzrasen überzieht abgestorbene Pflanzenteile, bei anhaltend feuchter Witterung kann er auch auf lebende Pflanzenteile übergreifen. Die Sporen infizieren den Wein vor allem über Verletzungen und geschwächtes Gewebe. Der entstehende Schaden ist vom Zeitpunkt des Befalls abhängig. Blütenknospen können nicht mehr austreiben, ganze Gescheine (Blüten) verschimmeln, Beeren faulen und reifen nicht aus, von befallenen Traubenstielen fallen die noch gesunden Beeren ab. Der Hauptschaden tritt an den weicher werdenden Beeren auf.
Behandlung: Fachgerechte Schnittmaßnahmen sorgen für ein schnelles Abtrocknen der Pflanzen, Pilzkrankheiten können sich dann nicht so schnell verbreiten. Abgestorbene Pflanzenteile laufend entfernen. Vorbeugend können Sie mit einem Pflanzenstärkungsmittel oder mit einem Pilzbekämpfungsmittel behandeln.
Mittel: Zur Pflanzenstärkung: Neudo-Vital Obst-Pilzschutz (Neudorff); zur Bekämpfung: Obst-Pilzfrei Teldor (Bayer).

jan	feb	mär	apr	mai	jun	jul	aug	sep	okt	nov	dez

Spritzen

Krankheiten und Schädlinge im Gemüsegarten

Blattläuse

Schadbild: An Triebspitzen und den Unterseiten junger Blätter saugen kleine grüne, schwarze oder rötliche Läuse. Die Blätter und Triebe kräuseln sich und vergilben. Weiteres siehe Seite 19.
Mittel: Bitte beachten Sie die verschiedenen Zulassungsgebiete der für die einzelnen Pflanzen genannten Mittel.

jan feb mär apr mai jun jul aug sep okt nov dez

Spritzen
Nützlingseinsatz

Schnecken

Schadbild: An allen krautigen Pflanzenteilen findet man Fraßschäden, besonders bei feuchter und kühler Witterung. Jungpflanzen werden oft über Nacht komplett abgefressen. Auf den Pflanzen und auf dem Boden ziehen sich die typischen Schleimspuren. Die Nacktschnecken bleiben tagsüber in ihren Verstecken, um sich vor Austrocknung zu schützen. Die Überwinterung erfolgt als Ei im Boden. Milde Winter überleben auch alte und junge Tiere.
Behandlung: Sie können den Befall reduzieren, wenn Sie die Schnecken absammeln und vernichten. Abends und am frühen Morgen finden Sie die Tiere direkt an den Pflanzen, tagsüber in Verstecken, z. B. unter Brettern und Steinen. Errichten Sie um Beete einen Schneckenzaun, den die Tiere nicht überwinden können. Bei anhaltend feuchter Witterung und starkem Befall können Sie Schneckenkorn ausstreuen.
Mittel: Ferramol Schneckenkorn (Neudorff), Schneckenkorn (Compo). Bitte beachten Sie die verschiedenen Zulassungsgebiete der genannten Mittel.

jan feb mär apr mai jun jul aug sep okt nov dez

Schneckenkorn

Wühlmaus, Schermaus, Erdratte

Schadbild: Wurzeln und Knollen sind angefressen. Die Pflanzen welken und sterben ab. Weiteres siehe Seite 57.

jan feb mär apr mai jun jul aug sep okt nov dez

Fallen, Köder, Gas

Maulwurfsgrille

Schadbild: Pflanzen welken und sterben schließlich ab. Die Wurzeln sind an- oder durchgefressen, auch die unteren Stängelpartien können angefressen sein. Befallen werden fast alle Gemüsearten und auch Erdbeeren. Erwachsene Maulwurfsgrillen sind 4–6 cm große, gelbbraun gefärbte Insekten. Sie leben in fingerdicken, unterirdischen Gängen und wandern nur nachts auf dem Boden umher. Die Überwinterung erfolgt als Jungtier im Boden.
Behandlung: Bieten Sie natürlichen Feinden wie Spitzmäusen, Igeln und Vögeln einen Platz in Ihrem Garten. Weiterhin können Sie Konservendosen oder Gläser auf den befallenen Flächen ebenerdig eingraben. Die Tiere fallen dann auf ihren nächtlichen Wanderungen in die Gefäße hinein und können abgesammelt werden. Die Jungtiere lassen sich von April bis Juni mit nützlichen räuberischen Nematoden bekämpfen, die Sie ab 12 °C Bodentemperatur einfach im Gießverfahren ausbringen.
Mittel: Nützlinge: Parasitäre SC-Nematoden (Neudorff).

Nematoden

jan	feb	mär	apr	mai	jun	jul	aug	sep	okt	nov	dez

Grauschimmel

Schadbild: Junge Triebe sterben schon kurz nach dem Austrieb ab. Ältere Triebe faulen an der Basis und kippen um. Auch Blüten und Knospen können befallen werden. Auf allen infizierten Pflanzenteilen bildet sich der typische mausgraue Schimmelrasen. Die Krankheit verbreitet sich bei feucht-warmem Wetter rasend schnell, wobei besonders geschwächte Pflanzen betroffen sind.
Behandlung: Entfernen Sie befallene Pflanzenteile. Halten Sie immer genügend große Pflanzabstände ein, damit die Blätter immer schnell abtrocknen können. Gießen Sie niemals von oben, sondern direkt an die Pflanzenbasis, und düngen Sie bedarfsgerecht. Zusätzlich können Sie bei ersten Befallssymptomen mit einem Stärkungsmittel die pflanzeneigenen Abwehrkräfte stärken.
Mittel: Zur Pflanzenstärkung: Neudo-Vital Obst-Pilzschutz (Neudorff).

Spritzen

jan	feb	mär	apr	mai	jun	jul	aug	sep	okt	nov	dez

Bohne

Schwarze Bohnenlaus

Schadbild: An den Triebspitzen und an den Blattunterseiten sitzen Kolonien von schwarzen Läusen. Durch ihre Saugtätigkeit kräuseln sich die befallenen Pflanzenteile. Schwärzepilze breiten sich aus, die sich auf den Honigtauausscheidungen der Läuse ansiedeln. Mitte bis Ende September wechseln die Läuse auf verschiedene Ziersträucher. Hier legen die Läuse Eier, die den Winter überdauern.
Behandlung: Blattläuse werden von einer Vielzahl von Nützlingen wie z. B. den Larven von Florfliegen, Marienkäfern und Schwebfliegen dezimiert. Ergänzend sollten Sie befallene Triebspitzen wegschneiden und vernichten. Bei stärker werdendem Befall kann man eine direkte Bekämpfung mit einem Insektizid durchführen.
Mittel: Schädlingsfrei Hortex (Celaflor), Neudosan Neu Blattlausfrei (Neudorff).

jan	feb	mär	apr	mai	jun	jul	aug	sep	okt	nov	dez

Spritzen (jun–sep)

Gemeine Spinnmilbe (»Rote Spinne«)

Auf den Blattoberseiten treten helle Sprenkelungen auf. Unter den Blättern findet man etwa stecknadelkopfgroße Milben, Larven und winzige Eier. Bei starkem Befall werden die Blätter mit einem feinen Gespinst überzogen.
Weiteres siehe Seite 24.

Fettfleckenkrankheit

Schadbild: Auf den Blättern entstehen kleine abgestorbene Flecken mit einem gelblichen oder hellgrünen Hof. Befallene Triebe haben lang gestreckte braune Stellen. Die eigentlichen Fettflecken bilden sich auf den Hülsen: durchsichtige, glasige Flecken, die bei fortschreitender Krankheit zusammenfließen. Bei feuchter Witterung bildet sich ein weißer Bakterienschleim auf den Befallsstel-

len, der bei Trockenheit zu einem Häutchen wird. Die Krankheit wird mit den Samen übertragen.
Behandlung: Verwenden Sie nur gesundes Saatgut und bauen Sie Bohnen frühestens wieder nach 2-3 Jahren auf dem gleichen Beet an. Erkrankte Pflanzen am besten sofort aus dem Bestand entfernen, um eine Ausbreitung zu verhindern. Für eine chemische Bekämpfung ist z. Zt. kein geeignetes Mittel zugelassen.

jan	feb	mär	apr	mai	jun	jul	aug	sep	okt	nov	dez

Erbse

Erbsen-Wickler

Schadbild: Befallene Erbsenhülsen reifen vorzeitig. Im Inneren fressen weißlichgelbe oder grünliche Maden an den Samen. Kotkrümel und feine Gespinste verschmutzen das Hülseninnere. Der Erbsenwickler ist ein Falter, der im Juni Eier an Blütenkelche und junge Hülsen legt. Die daraus schlüpfenden Larven bohren sich in die Fruchthülle. Nach ca. drei Wochen verlassen die Larven die Hülsen und graben sich zur Überwinterung in den Boden ein. Im Juni schlüpfen dann die Falter, die wiederum Eier legen.
Behandlung: Befallen werden vor allem Sorten, die im Juni zur Zeit der Hauptflugzeit des Falters in Vollblüte stehen. Pflanzen Sie daher sehr frühe oder späte Sorten an. Pflücken Sie »frühreife« und vernichten Sie diese bei Befall. Nach der Ernte die Beete tief umgraben, um Larven zu vernichten. Für eine direkte chemische Bekämpfung ist im Hausgarten z. Zt. kein Mittel zugelassen.

jan	feb	mär	apr	mai	jun	jul	aug	sep	okt	nov	dez

Thrips

Schadbild: Die Blüten sind deformiert, Triebspitzen und Blätter vertrocknen. Der größte Schaden entsteht an den Hülsen, die einen typischen Silberglanz zeigen, klein bleiben und missge-

staltet sind. Die Schädlinge saugen an der obersten Schicht der Pflanzenzellen, wodurch anfangs helle Pünktchen, später dann silbrig glänzende Flecken entstehen. Mit einer Lupe erkennt man 1–1,8 mm große, schlanke, dunkelbraune Insekten und deren gelborange Larven. Charakteristisch sind auch die vielen, kleinen, schwarzen Kotkrümel. Thripse überwintern als Larven im Boden.
Behandlung: Graben Sie die Beete im Herbst tief um, um überwinternde Larven zu vernichten. Greifen Sie auf frühe Sorten zurück, die weniger befallen werden als die späten. Bei ersten Befallssymptomen können Sie eine Spritzbehandlung durchführen.
Mittel: Spruzit Schädlingsfrei (EW; Neudorff).

jan	feb	mär	apr	mai	jun	jul	aug	sep	okt	nov	dez

Spritzen

Blattläuse

An Blattunterseiten und Triebspitzen saugen kleine, grüne Läuse. Die Blätter kräuseln sich und vergilben.
Weiteres siehe Seite 19.

Echter Mehltau

Schadbild: Ein weißer, mehlartiger Belag überzieht Blätter, Stängel und Hülsen. Der Belag lässt sich abwischen und wird mit fortschreitendem Befall dunkler. Die betroffenen Stellen an den Hülsen sinken leicht ein und werden zu einer bräunlichschwarzen Sprenkelung. Der Pilz verbreitet sich vor allem bei sommerlich trockener Witterung. Er überwintert auf Pflanzenresten oder auch auf Samen.
Behandlung: Entfernen Sie nach der Ernte sorgfältig alle Pflanzenreste vom Beet, um die Überwinterungsmöglichkeiten des Pilzes einzuschränken. Verwenden Sie kein Saatgut von befallenen Erbsen. Bei ersten Befallssymptomen können verschiedene Pilzbekämpfungsmittel gespritzt werden.
Mittel: Netz-Schwefelit WG (Neudorff), Mehltau-frei Kumulus (Compo), Netzschwefel WG (Celaflor).

jan	feb	mär	apr	mai	jun	jul	aug	sep	okt	nov	dez

Spritzen

Feldsalat

Echter Mehltau

Schadbild: Auf den Blattoberseiten entsteht ein mehlartiger, weißer Pilzrasen. Auf den glatten Feldsalatblättern ist der Belag leicht abwischbar. Die Pflanzen bleiben im Wachstum zurück. Als Schönwetterpilz verbreitet sich die Krankheit vor allem an sonnigen Tagen. Der Pilz überwintert auf Pflanzenresten.
Behandlung: Befallene Pflanzen restlos vom Beet entfernen. Die pflanzeneigenen Abwehrkräfte lassen sich mit Pflanzenstärkungsmitteln erhöhen. Sobald die ersten Symptome auftreten, können Sie Spritzbehandlungen mit einem Pilzbekämpfungsmittel durchführen.
Mittel: Zur Pflanzenstärkung: Neudo-Vital Obst-Pilzschutz (Neudorff); zur Bekämpfung: BioBlatt Mehltaumittel (EW; Neudorff), Universal Pilzfrei Euparen (EW; Bayer).

Spritzen

jan	feb	mär	apr	mai	jun	jul	aug	sep	okt	nov	dez

Falscher Mehltau

Schadbild: Die Blätter vergilben von den Rändern her, bleiben klein und hellgrün. Auf den Blättern erkennt man braunschwarze, punktförmige Flecken. Auf den Blattunterseiten bildet sich bei feucht-kühler Witterung ein blassgrüner Pilzrasen, der sich später oft auch violett färbt. Der Pilz überwintert auf den Samen oder auf infizierten Pflanzenresten.
Behandlung: Säen Sie bevorzugt tolerante Sorten aus. Befallene Pflanzen nach der Ernte möglichst restlos vom Beet entfernen. Falscher Mehltau benötigt kühl-feuchte Bedingungen, um sich zu verbreiten. Sorgen Sie daher dafür, dass die Pflanzen schnell abtrocknen können, z. B. durch einen nicht zu engen Stand. Gießen Sie bei Bedarf morgens. Für eine direkte Bekämpfung ist z. Zt. kein Mittel zugelassen.

jan	feb	mär	apr	mai	jun	jul	aug	sep	okt	nov	dez

Gurke, Kürbis, Zucchini

Blattläuse

An Blattunterseiten und Triebspitzen saugen kleine, grüne Läuse. Die Blätter kräuseln sich und vergilben.
Weiteres siehe Seite 19.

Gemeine Spinnmilbe (»Rote Spinne«)

Schadbild: Auf den Blattoberseiten treten helle Sprenkelungen auf. An den Blattunterseiten findet man etwa stecknadelkopfgroße Milben, Larven und winzige Eier. Bei starkem Befall werden die Blätter mit einem feinen Gespinst überzogen. Die Blattflächen werden braun und vertrocknen. Spinnmilben verbreiten sich vor allem bei trockener Luft. Sie überwintern als rotorange Weibchen an geschützten Stellen in versponnenen Blättern.
Behandlung: Brennnesseln und andere Unkräuter werden im Frühjahr zuerst besiedelt. Daher sollten Sie vor der Gurkenkultur Unkraut sorgfältig entfernen. Bei Anfangsbefall können Sie im Gewächshaus, an heißen Tagen im Sommer auch draußen, Raubmilben aussetzen. Bei starkem Befall kann eine Bekämpfung mit verschiedenen Spritzmitteln durchgeführt werden.
Mittel: zur Bekämpfung: Spruzit Schädlingsfrei (NW), Neudosan Neu Blattlausfrei (NW; Neudorff), Schädlingsfrei Naturen (NW), Schädlingsfrei Hortex (NW; Celaflor); Nützlinge: Raubmilben *(Phytoseiulus persimilis*, Neudorff).

jan	feb	mär	apr	mai	jun	jul	aug	sep	okt	nov	dez

Spritzen
Nützlingseinsatz

Weiße Fliege (Mottenschildläuse)

Unter den Blättern sitzen in den warmen Sommermonaten 1–2 mm große, mottenähnliche, weiße Insekten, die bei leichter Berührung der Pflanze auffliegen.
Weiteres siehe Seite 117.

Echter Mehltau

Schadbild: Zunächst breitet sich auf den Blattoberseiten, dann auch blattunterseits und an den Stängeln ein mehlartiger, weißer Pilzrasen aus. Die Früchte werden nicht oder erst sehr spät befallen. Bei frühem Befall muss man mit Ertragseinbußen rechnen, da die Früchte von den erkrankten Blättern nicht ausreichend ernährt werden können. Als Schönwetterpilz vermehrt sich der Echte Mehltaupilz vor allem bei sonniger Wetterlage.
Behandlung: Bauen Sie weniger empfindliche Sorten an. Nach der Ernte die Beete sorgfältig abräumen und krankes Pflanzenmaterial vernichten. Vorbeugende Behandlungen mit Pflanzenstärkungsmitteln erhöhen die Widerstandskräfte gegen diese Krankheit. Eine Behandlung mit einem Pilzbekämpfungsmittel lohnt sich nur, wenn der Befall früh auftritt.
Mittel: Zur Pflanzenstärkung: Neudo-Vital Obst-Pilzschutz (Neudorff); zur Bekämpfung: Netz Schwefelit WG, BioBlatt Mehltaumittel, Fungisan Gemüse-Pilzfrei (Neudorff), Gemüse-Pilzfrei Saprol (Celaflor) und Mehltau-frei Kumulus (Compo).

Spritzen

jan	feb	mär	apr	mai	**jun**	**jul**	**aug**	**sep**	okt	nov	dez

Falscher Mehltau

Schadbild: Auf der Blattoberseite erkennt man zunächst blassgelbe, später intensiv gelbe Flecken, die von Blattadern eckig begrenzt werden. Unter den Blättern bildet sich ein rötlichbrauner Pilzrasen. Bei fortgeschrittenem Befall werden die Blätter vom Rand her braun und sterben schließlich ab. Die Pilzkrankheit kann sich in feuchten Wetterperioden rasend schnell verbreiten.
Behandlung: Die oberirdischen Pflanzenteile möglichst trocken halten. Gießen Sie darum nur morgens und nicht über die Blätter. Achten Sie bei der Pflanzung auf ausreichenden Pflanzenabstand. Sobald erste Symptome auftreten, können Sie, besonders bei feuchtem Wetter, Spritzmaßnahmen durchführen.
Mittel: Fungisan Gemüse-Pilzfrei (Neudorff), Spezial-Pilzfrei Fosetyl (Bayer), Spezial-Pilzfrei Aliette (Celaflor).

Spritzen

jan	feb	mär	apr	**mai**	**jun**	**jul**	**aug**	**sep**	okt	nov	dez

Grauschimmel

Blätter, Triebe und Früchte sterben teilweise ab. Auf allen infizierten Pflanzenteilen bildet sich der typische mausgraue Schimmelrasen. Die Krankheit verbreitet sich bei feucht-warmem Wetter rasend schnell, wobei besonders geschwächte Pflanzen betroffen sind.

Weiteres siehe Seite 96.

Gurken-Mosaikvirus

Schadbild: Hellgrüne oder dunkelgrüne Zeichnungen auf Blättern und Früchten. Die Blätter bleiben klein und sind deformiert, auf älteren Früchten können sich Warzen bilden. Die gesamten Pflanzen bleiben im Wachstum zurück und sterben schließlich ab.
Behandlung: Erkrankte Pflanzen sofort aus dem Bestand entfernen und vernichten. Viren werden oft von Blattläusen übertragen. Daher ist es wichtig, einen eventuellen Blattlausbefall zu bekämpfen. Eine direkte Bekämpfung der Krankheit ist nicht möglich.

jan	feb	mär	apr	mai	jun	jul	aug	sep	okt	nov	dez

Nach unserer Super-Zucchini-Ernte im letzten Jahr haben wir wieder eine Zucchini angepflanzt. Sie bildet zwar Blüten auf einem langen, dünnen Stiel, aber kaum Früchte. Ist das eine Viruskrankheit?

Nein, Ihre Zucchinipflanze ist nicht krank. Zucchini bilden an ein und derselben Pflanze sowohl männliche als auch weibliche Blüten aus. Manchmal kann es passieren, dass eine zeitlang nur männliche oder nur weibliche Blüten gebildet werden. Darauf kann man keinen Einfluss nehmen. Ihre Pflanze setzt z. Zt. nur männliche Blüten an (die auf den langen Stielen). Haben Sie noch ein bisschen Geduld, meistens kommen noch weibliche Blüten nach. Dann werden sich auch Früchte bilden.

Bei meinen Schlangengurken im Gewächshaus werden im Moment die jungen Früchte von der Spitze her gelb. Dann fallen sie massenhaft ab, wenn sie 8–10 cm lang sind. Was kann die Ursache sein?

Der Grund sind unharmonische Wachstumsbedingungen. Pflanzen Sie die Gurken mit mindestens 40 cm Abstand und lichten Sie die Seitentriebe frühzeitig aus. Die unteren Seitentriebe werden bis auf eine Höhe von 70 cm entfernt, die weiteren Seitentriebe nach zwei Blättern eingekürzt. Gewächshausscheiben und Folien sollten gereinigt werden, um einen optimalen Lichteinfall zu gewährleisten. Achten Sie außerdem auf eine gleichmäßige Wasserversorgung.

Kartoffel

Kartoffelkäfer

Schadbild: Zur Zeit der Löwenzahnvollblüte im Mai fressen an den Blättern der jungen Kartoffelpflanzen etwa 1 cm große, gelb-schwarz gestreifte Käfer. Diese legen gelborange Eier in Gelegen von 10–30 Stück an die Unterseiten der Kartoffelblätter. Daraus schlüpfen rotbraun gefärbte Larven, die ebenfalls an den Blättern fressen. Oftmals ist der Befall so stark, dass die Pflanzen kahl werden. Die Bildung und das Wachstum der Knollen wird dadurch stark eingeschränkt. Es treten mehrere Generationen pro Jahr auf. Die letzte Käfergeneration gräbt sich in den Boden ein und überwintert.
Behandlung: Käfer und Larven absammeln und vernichten, Blätter mit Eigelegen abpflücken. Eine Spritzbehandlung ist mit verschiedenen Pflanzenschutzmitteln möglich.
Mittel: Spruzit Käfer- und Raupenfrei (Neudorff), Schädlingsfrei Neem (Celaflor).

Spritzen

jan	feb	mär	apr	mai	jun	jul	aug	sep	okt	nov	dez

Saat-Schnellkäfer (Drahtwurm)

Schadbild: Die Knollen sind angefressen. Man findet 2–3 mm große, runde, tiefgehende Bohrlöcher, durch die nachfolgend oft Fäulnispilze eindringen. Der Schaden wird durch die 2–2,5 cm langen, braungelben, drahtartigen Larven des Saatschnellkäfers verursacht. Sie leben mehrere Jahre im Boden und ernähren sich vorwiegend von abgestorbenem Pflanzenmaterial. Nach der Überwinterung und in Trockenperioden fressen sie auch an frischen, unterirdischen Pflanzenteilen.
Behandlung: Graben Sie frühzeitig aufgeschnittene Kartoffelhälften mit der Schnittfläche nach unten ca. 5 cm tief ein. Die Drahtwürmer werden dadurch angelockt und können abgesammelt werden.

jan	feb	mär	apr	mai	jun	jul	aug	sep	okt	nov	dez

Kartoffel-Blattlaus

An jungen Trieben, den Blattunterseiten und an den Blüten saugen grüne Läuse, die einen dunkelgrünen Längsstrich auf dem Rücken tragen. Der direkte Schaden durch die Saugtätigkeit ist nur selten von Bedeutung. Der Hauptschaden entsteht durch die Übertragung verschiedener Viruskrankheiten. Weiteres siehe Seite 19.

jan	feb	mär	apr	mai	jun	jul	aug	sep	okt	nov	dez

Spritzen (mai–sep)

Kraut- und Knollenfäule

Schadbild: Anfangs erkennt man kleine gelbbraune Flecken an den Rändern und Spitzen der unteren Kartoffelblätter. Im weiteren Verlauf der Krankheit rollen die Blätter ein und vertrocknen oder verfaulen, je nach Witterung. Unter den Blättern bildet sich teilweise ein weißer Schimmelrasen. An befallenen Knollen entstehen leicht eingesunkene Flecken, unter denen sich das Gewebe rötlichbraun verfärbt. Bei feucht-warmer Witterung können schnell ganze Bestände vernichtet werden. Die Krankheit überwintert in Knollen und Ernteresten.
Behandlung: Wählen Sie weniger empfindliche Sorten und beachten Sie einen regelmäßigen Fruchtwechsel. Setzen Sie die Knollen nicht zu dicht, damit das Laub schnell abtrocknen kann. Nach der Ernte sollten Sie das Kartoffelkraut vernichten und möglichst keine Knollen in der Erde zurücklassen. Beim Schließen der Kartoffelreihen können Sie vorbeugend in Abständen von 7–14 Tagen mit einem Pilzbekämpfungsmittel eine Spritzbehandlung durchführen.
Mittel: Kupferkalk Cupravit (Bayer), Kupferkalk Atempo und Cueva Pilzfrei (Neudorff), Pilzfrei Polyram WG (Compo).

jan	feb	mär	apr	mai	jun	jul	aug	sep	okt	nov	dez

Spritzen (jun–aug)

Unsere selbst geernteten Kartoffeln färben sich im Lager schnell grün. Kann man die Knollen behandeln, damit das nicht passiert?

Es gibt keine Mittel, mit der Sie das »Grünwerden« der Kartoffeln verhindern können. Lagern Sie Kartoffeln dunkel, trocken und kühl (unter 15 °C). Decken Sie die Knollen mit Papier oder Säcken ab. Unter Lichteinwirkung bildet sich das giftige Solanin in den grünen Stellen und in den Keimen. Schneiden Sie diese großzügig heraus und verwenden Sie das Kochwasser nicht mit.

Kohl-Arten

Kohlfliege

Schadbild: Junge Kohlpflanzen welken und lassen sich leicht aus dem Boden ziehen. An den Wurzeln und am Wurzelhals fressen bis zu 1 cm lange weißliche Maden. Kohlfliegen sind der Stubenfliege ähnliche Insekten, die Ende April/Anfang Mai ihre Eier an den Wurzelhälsen von jungen Kohlpflanzen ablegen. Aus den Eiern schlüpfen Maden, die am Wurzelhals und an den Wurzeln fressen. Die Maden verpuppen sich im Boden. Die Puppen der dritten Generation überwintern im Boden.
Behandlung: Entfernen Sie abgestorbene Pflanzen sowie nach der Ernte die Kohlstrünke samt Wurzelballen aus dem Beet. Um die frisch gepflanzten Setzlinge können Sie eine Manschette (Kohlkragen) legen, die nach der Eiablage mitsamt den Eiern entfernt wird. Decken Sie das Beet direkt nach der Pflanzung mit einem Kulturschutznetz (z. B. SchädlingsschutzNetz von Neudorff) ab (schützt auch vor Kohlweißling). Vorbeugend gegen den Befall mit Gemüsefliegen können Sie bei der Pflanzung ein Pflanzenstärkungsmittel oder zur Bekämpfung ein Streumittel gegen Insekten in die Erde einarbeiten.
Mittel: Zur Pflanzenstärkung: Bio-Gemüse Streumittel (Neudorff); zur Bekämpfung: Nexion (Celaflor).

Streumittel

jan	feb	mär	apr	mai	jun	jul	aug	sep	okt	nov	dez

Mehlige Kohl-Blattlaus

Schadbild: Ab April/Mai siedeln sich unter den Kohlblättern Kolonien von grünlichgrauen, weiß gepuderten Läusen an. Sie saugen an den Blättern, wodurch diese sich kräuseln, verfärben und einrollen. Die Läuse scheiden Honigtau aus, auf dem sich starke Verschmutzungen durch Rußtaupilze bilden. Die geflügelten Stadien, die in den Sommermonaten auftreten, können zudem Viruskrankheiten übertragen. Die letzte Läusegeneration im Herbst legt zur Überwinterung schwarz glänzende Eier an Pflanzen aus der Familie der Kreuzblütler ab.

Behandlung: Räumen Sie die Beete nach der Ernte gründlich ab. Auch Unkräuter sollten Sie wegen der Wintereier entfernen. Ein schwacher Läusebefall kann von Nützlingen wie Marienkäfer, Schwebfliege, Florfliege, Gallmücke und Schlupfwespe in Grenzen gehalten werden. Bei starkem Befall ist eine Spritzbehandlung empfehlenswert, wobei Sie nützlingsschonende Mittel bevorzugen sollten.
Mittel: Spruzit Schädlingsfrei (Neudorff), Schädlingsfrei Naturen (Celaflor).

jan	feb	mär	apr	mai	jun	jul	aug	sep	okt	nov	dez

Spritzen

Großer und Kleiner Kohlweißling

Schadbild: An den Kohlblättern fressen schwarz-gelb gefleckte, bis zu 4 cm lange Raupen des Großen Kohlweißlings (siehe Bild rechts). Anfangs entsteht ein Lochfraß, bei starkem Befall werden die Blätter bis auf die Blattrippen abgefressen. Die Raupen des Kleinen Kohlweißlings sind hell-mattgrün. Sie verursachen zuerst einen Lochfraß und bohren sich dann in die Kohlköpfe ein. Unter den Blättern findet man häufig Kolonien von gelben, längs gerippten Eiern, die von weißen Faltern abgelegt werden. Während sich die erste Schädlingsgeneration im Frühjahr mit kreuzblütigen Unkräutern zufrieden gibt, entstehen im Juli/August große Schäden an Kohl durch die zweite Generation. Ende August/Anfang September wandern die Raupen in Verstecke (Bäume, Mauern, Zäune) und überwintern im Puppenstadium.
Behandlung: Entfernen Sie Unkräuter vor der Pflanzung sorgfältig. Die Eier können Sie zerdrücken und Raupen absammeln. Decken Sie das Beet direkt nach der Pflanzung mit einem Kulturschutznetz (z. B. SchädlingsschutzNetz von Neudorff) ab (schützt auch vor Kohlfliege). Eine direkte Bekämpfung der Raupen ist ebenfalls möglich. Gegen den kleinen Kohlweißling müssen Sie die Spritzungen jedoch unbedingt durchführen, bevor sich die Raupe in den Kopf eingebohrt hat, da sie dort nicht mehr zu erreichen ist.
Mittel: Raupenfrei (Neudorff).

jan	feb	mär	apr	mai	jun	jul	aug	sep	okt	nov	dez

Spritzen

Kohlmotte (Kohlschabe)

Schadbild: Die Kohlblätter sind durch Fensterfraß geschädigt, bei dem die Blätter von unten angenagt werden und die Blattoberhaut stehen bleibt. Blattunterseits befinden sich lebhafte, bis 1 cm lange, blassgrüne Raupen mit spitz zulaufenden Enden. Sie minieren zuerst die Blätter (d.h. sie leben zwischen Ober- und Unterhaut des Blattes), häuten sich und verursachen dann den typischen Fensterfraß, der in einen Lochfraß übergehen kann. Die Larven verpuppen sich in Gespinsten an den Blättern. Zwei Wochen später schlüpft dann die nächste Faltergeneration, die wieder Eier an den Blattunterseiten ablegt. Die Überwinterung erfolgt im Puppenstadium an Pflanzenresten oder an anderen kreuzblütigen Gewächsen.
Behandlung: Räumen Sie die Beete nach der Ernte vollständig ab und entfernen Sie regelmäßig das Unkraut. Vorbeugend können Sie das Beet direkt nach der Pflanzung mit einem Kulturschutznetz (z. B. SchädlingsschutzNetz von Neudorff) abdecken (schützt auch vor Kohlfliege). Eine direkte Bekämpfung der Raupen ist ebenfalls möglich.
Mittel: Raupenfrei, Spruzit Käfer- und Raupenfrei (EW; Neudorff).

▭ Spritzen

jan	feb	mär	apr	mai	jun	jul	aug	sep	okt	nov	dez

Kohlhernie

Schadbild: Die Pflanzen kümmern und welken. Das Laub färbt sich blaugrau. Zieht man die Pflanzen aus dem Boden, sieht man an den Wurzeln helle knollenartige Verdickungen mit verschorfter Oberfläche. Später verbräunt und fault das befallene Gewebe. Auslöser ist ein Schleimpilz, der in Dauersporen mindestens sechs Jahre im Boden überleben kann.
Behandlung: Vernichten Sie kranke Kohlstrünke mitsamt den Wurzeln (nicht kompostieren!). Reinigen Sie danach die Gartengeräte, die Sie dabei benutzt haben, um die Krankheit nicht weiterzutragen. Auf befallenen Beeten können Sie frühestens wieder nach sieben Jahren Kohl oder andere Pflanzen aus der Familie der Kreuzblütler (z. B. Rettich und Radieschen) anbauen. Wirksam

gegen diese Krankheit ist es auch, durch regelmäßige Kalkgaben den pH-Wert des Bodens um 0,5 Einheiten über das Optimum zu erhöhen. Eine direkte Bekämpfung mit einem Pflanzenschutzmittel ist nicht möglich.

jan	feb	mär	apr	mai	jun	jul	aug	sep	okt	nov	dez

Der Anbau von Kohlrabi soll ja eigentlich nicht so schwierig sein. Mir gelingt er nicht. Ständig platzen mir die Knollen oder sie schmecken holzig, Was mache ich falsch?

Sowohl das Platzen als auch das Holzig werden von Kohlrabis ist auf eine ungleichmäßige Wasserversorgung zurückzuführen. Gießen Sie die Pflanzen regelmäßig, wenn möglich frühmorgens. Das Holzig werden kann weiterhin auch an einer Überalterung der Pflanzen liegen. Ernten Sie Kohlrabi immer rechtzeitig und nicht überreif. Sehr unanfällig ist die Sorte »Superschmelz« die riesengroß wird und trotzdem zart und saftig bleibt.

An meinen Kohlpflanzen sind mir in diesem Jahr erstmalig kleine, weiße Fliegen aufgefallen, die ich sonst nur von meinen Kübel- und Zimmerpflanzen kenne. Können sich die Pflanzen gegenseitig angesteckt haben?

Ihre Kohlpflanzen sind von der **Kohl-Mottenschildlaus** befallen. Diese wird, wie die Gewächshaus-Mottenschildlaus, auch »**Weiße Fliege**« genannt. Es handelt sich bei den »Weißen Fliegen« aber um zwei verschiedene Gattungen, die jeweils ihr eigenes Wirtspflanzenspektrum haben. Während die Kohl-Mottenschildlaus nur Mitglieder der Familie der Kreuzblütler befällt, zu denen auch der Kohl gehört, ist die Gewächshaus-Mottenschildlaus an verschiedenen Zierpflanzen, aber auch an Tomaten und Gurken im Gewächshaus zu finden. Beide Gattungen verursachen ein ähnliches Schadbild, bleiben aber ihren speziellen Wirtspflanzen treu.

Möhre, Gelbe Rübe

Möhrenfliege

Schadbild: Möhrenblätter werden rötlich und sterben schließlich ab. Vorwiegend im unteren Drittel des Rübenkörpers fressen milchig weiße Maden rostbraune Gänge. Die Maden verpuppen sich im Boden. Ende Juli schlüpft die zweite Generation Fliegen, die wiederum Eier an die Möhren legt. Die Maden dieser Generation

erzeugen den größeren Schaden. Die Überwinterung erfolgt als Made in den Möhren oder Puppe in der Erde.
Behandlung: Halten Sie eine weite Fruchtfolge von mindestens vier Jahren ein. Ernten Sie die Möhren vollständig, damit keine überwinternden Tiere im Boden bleiben. Nach der Aussaat bis eine Woche vor der Ernte können Sie das Beet mit einem Kulturschutznetz (z. B. SchädlingsschutzNetz von Neudorff) abdecken. Vorbeugend gegen den Befall mit Gemüsefliegen können Sie ein Pflanzenstärkungsmittel oder ein Streumittel gegen Insekten bei der Aussaat in die Erde einarbeiten.
Mittel: Zur Pflanzenstärkung: Bio-Gemüse Streumittel (Neudorff); zur Bekämpfung: Nexion (Celaflor).

Streumittel

jan	feb	mär	apr	mai	jun	jul	aug	sep	okt	nov	dez

Möhren-Wurzellaus

Schadbild: Wurzelläuse sind Blatt- oder Schildläuse. Während die gelblichen Blattläuse auch oberirdisch an Blattscheiden und Wurzelhälsen saugen, sind die weiß gepuderten Schildläuse nur im Wurzelbereich der Pflanzen zu finden. Beide Läusearten scheiden Honigtau aus und locken damit Ameisen an. Die gelblichen Wurzelläuse überwintern auf Weißdorn. Die Weißdornblätter zeigen dann im Frühjahr rötliche Gallen auf den Blättern. Die weiss gepuderten Wurzelläuse überwintern auf der Pappel, um dann im Frühsommer wieder Möhren- und Salatwurzeln zu besiedeln.
Behandlung: Wurzelläuse mögen einen trockenen Boden, wässern Sie daher bei Bedarf regelmäßig. Kulturschutznetze (z. B. SchädlingsschutzNetz von Neudorff) auf den Beeten verhindern den Zuflug vom Winterwirt. Eine direkte Bekämpfung mit Pflanzenschutzmitteln ist nicht möglich.

jan	feb	mär	apr	mai	jun	jul	aug	sep	okt	nov	dez

Saat-Schnellkäfer (Drahtwurm)

Die Möhren sind angefressen. Man findet 2–3 mm große, runde, tiefgehende Bohrlöcher. Weiteres siehe Seite 104.

Blattläuse

Am Möhrenlaub saugen kleine, grüne Läuse. Die Blätter und Triebe kräuseln sich und vergilben. Weiteres siehe Seite 19.

Möhrenschwärze

Schadbild: Zunächst werden einzelne Fiederblätter braunschwarz. Bei feuchten Witterungsbedingungen breitet sich die Krankheit schnell auf das ganze Blatt und schließlich auf das gesamte Möhrenlaub aus. Auch der Möhrenkörper kann befallen werden, wobei schwarze, oberflächige Flecken entstehen. Die Überwinterung erfolgt auf Samen und erkrankten Pflanzenresten.
Behandlung: Halten Sie eine Fruchtfolge von mindestens 4 Jahren ein. Verwenden Sie gebeiztes Saatgut und säen Sie nicht zu dicht. Auf ausreichenden Reihenabstand achten, damit der Bestand immer schnell abtrocknen kann. Bei leichtem Befall kranke Blätter abpflücken und vernichten. Für die direkte Bekämpfung ist im Hausgarten z. Zt. kein geeignetes Mittel zugelassen.

jan	feb	mär	apr	mai	jun	jul	aug	sep	okt	nov	dez

Ich habe schon oft gehört, dass sich Möhren und Zwiebeln gegenseitig vor Krankheiten schützen. Ist das wahr?

Möhren und Zwiebeln sind die Klassiker in der Mischkultur. Sie können sich gegenseitig vor Möhren- und Zwiebelfliege schützen. Der Effekt beruht auf den Duftstoffen, die von den Pflanzen ausströmen. Stehen Möhren und Zwiebeln nah beieinander, finden die Gemüsefliegen die Pflanzen nur schwer, weil sich die Düfte miteinander vermischen. Anstelle der Zwiebeln kann auch Lauch oder Schnittlauch mit der Möhre kombiniert werden. Bei einem hohen Befallsdruck reicht der Schutz aber nicht aus. Sie müssen dann auf weitere Maßnahmen zurückgreifen (siehe S. 109 und S. 120).

Bei der letzten Möhrenernte hatte ich kleine, verzweigte Möhren. Was kann die Ursache sein?

Möhren wachsen auf schweren Böden oft verzweigt. Lockern Sie daher den Boden ausreichend und arbeiten Sie reifen Kompost ein. Auch winzig kleine Fadenwürmer, so genannte Nematoden können für den Schaden verantwortlich sein. Fadenwürmer können durch den Anbau von »Feindpflanzen« wie z. B. Tagetes oder Ringelblumen vertrieben werden. Eine Bekämpfung mit Pflanzenschutzmitteln ist nicht möglich.

Radieschen, Rettich

Rettichfliege

Schadbild: Vorwiegend im unteren Teil des Wurzelkörpers von Radieschen und Rettichen dringen Maden ein und nagen dort Fraßgänge in die äußere Schicht. Die Gänge sind mit bräunlichem Kot gefüllt und schwarz verfärbt. Besonders starke Schäden treten an Pflanzen auf, die im Mai/Juni zur Hauptflugzeit der Fliege etwa bleistiftdick sind. Der Schädling überwintert im Puppenstadium im Boden.
Behandlung: Halten Sie eine weite Fruchtfolge von mindestens vier Jahren ein. Decken Sie das Beet nach der Aussaat bis 1 Woche vor der Ernte mit einem Kulturschutznetz (z. B. Schädlingsschutz-Netz von Neudorff) ab. Vorbeugend gegen den Befall mit Gemüsefliegen können Sie bei der Aussaat ein Pflanzenstärkungsmittel in die Erde einarbeiten. Für eine direkte Bekämpfung ist z. Zt. kein Mittel zugelassen.
Mittel: Zur Pflanzenstärkung: Bio-Gemüse Streumittel (Neudorff).

Streumittel

jan	feb	mär	apr	mai	jun	jul	aug	sep	okt	nov	dez

Erdfloh

Schadbild: Die Blätter, oft schon die Keimblätter, sind siebartig durchlöchert. Auf den Blättern sitzen kleine, schwarze oder gelb gestreifte Käfer, die bei Berührung lebhaft umherspringen. Der größte Schaden entsteht bei trocken warmer Witterung im April und Mai.
Behandlung: Gießen Sie die Pflanzen bei Bedarf regelmäßig. Decken Sie das Beet nach der Aussaat bis eine Woche vor der Ernte mit einem Kulturschutznetz (z. B. SchädlingsschutzNetz von Neudorff) ab. Für eine direkte Bekämpfung mit Pflanzenschutzmitteln ist z. Zt. kein Mittel zugelassen.

jan	feb	mär	apr	mai	jun	jul	aug	sep	okt	nov	dez

Rettich-Schwärze

Schadbild: Anfangs färbt sich die äußere Schicht des Rettichs bandförmig oder in Ringen blau-schwarz. Später dringt die Verfärbung bis in das Zentrum des Rettichs vor. Das Gewebe wird morsch, schrumpft ein und bildet Längsrisse. Die Krankheit tritt bevorzugt auf kalkreichen und feuchten Böden auf. Der Pilz überdauert im Boden.
Behandlung: Kranke Pflanzen entfernen und vernichten, nicht kompostieren. Auf einer infizierten Fläche verzichten Sie am besten 2–3 Jahre lang auf den Anbau von Rettich. Ist der pH-Wert des Bodens zu hoch (lässt mit einem pH-Bodentest von Neudorff feststellen), sollten Sie in den nächsten Jahren keinen Kalk ausbringen. Für eine direkte Bekämpfung ist z. Zt. kein Mittel zugelassen.

jan	feb	mär	apr	mai	jun	jul	aug	sep	okt	nov	dez

Rote Bete, Mangold, Spinat

Blattläuse

Am Laub der Roten Bete saugen kleine, grüne oder auch schwarze Läuse. Die Blätter kräuseln sich und vergilben. Weiteres siehe S. 19.

Falscher Mehltau

Schadbild: Auf den Oberseiten der Spinatblätter entstehen helle, leicht aufgewölbte Blattflecken. Bei feuchter Witterung bildet sich blattunterseits an den entsprechenden Stellen ein grauviolettes Pilzgeflecht. Rote Bete und Mangold werden von einem ähnlichen Pilz befallen, der hauptsächlich die Herzblätter angreift. Die Pilzkrankheit überwintert an Pflanzenresten oder an Pflanzen, die über Winter stehen bleiben (Winterspinat).
Behandlung: Sorgen Sie für einen trockenen Bestand, d.h. nicht zu dicht säen und nur morgens gießen. Wenn Sie eine weite

Fruchtfolge einhalten, verhindern Sie, dass der überwinterte Pilz sofort wieder infizieren kann. Für eine direkte Bekämpfung ist zzt. kein Mittel zugelassen.

jan	feb	mär	**apr**	**mai**	**jun**	**jul**	**aug**	**sep**	okt	nov	dez

Blattfleckenkrankheit

Schadbild: Im Hochsommer treten auf den Blättern rundliche, graubraune Flecken mit rotem Rand auf. Bei feucht-warmer Witterung verbreitet sich diese Pilzkrankheit sehr schnell und kann einzelne Blätter zum Absterben bringen. Der Schaden an Mangold ist größer als an Roten Beten, da die Rüben in der Regel nicht befallen werden. Der Pilz überwintert auf den Samen, aber auch im Boden auf zurückgebliebenen, erkrankten Pflanzenteilen.
Behandlung: Wechseln Sie die Anbaufläche jährlich. Bei geringem Befall können Sie die erkrankten Blätter abpflücken und vernichten. Pflanzenreste sollten Sie nach der Ernte sorgfältig entfernen und vernichten. Ein geeignetes Pilzbekämpfungsmittel ist zzt. im Hausgarten nicht zugelassen.

jan	feb	mär	apr	mai	jun	**jul**	**aug**	**sep**	**okt**	nov	dez

Herz- und Knollenbräune (Bormangel)

Die »Herzblätter« sterben ab, die Rübe färbt sich braun-schwarz und wird leder- bzw. gummiartig. Weiteres siehe Seite 116.

Salat (Kopf-, Pflück- und Schnittsalat)

Blattläuse

An den Salatblättern saugen kleine, grüne oder auch rötliche Läuse. Die Blätter kräuseln sich und vergilben. Weiteres siehe S. 19.

Schnecken

Fraßschäden an den Blättern, Jungpflanzen werden restlos abgefressen. Auf den Pflanzen und auf dem Boden findet man typische Schleimspuren. Weiteres siehe Seite 95.

Salat-Wurzellaus

Weiß gepuderte Läuse saugen an den Salatwurzeln. Siehe S. 110.

Salatfäule

Schadbild: Die auf dem Boden aufliegenden, äußeren Blätter des Salatkopfes faulen und werden schwarz. Bei feucht-kühlen Witterungsverhältnissen dringt die Fäule von unten in den Salatkopf ein. Der Wurzelhals bleibt gesund. Auf den erkrankten Stellen bildet sich ein gespinstartiges Pilzgeflecht. Der die Krankheit auslösende Pilz ist in Gartenböden fast immer vorhanden. Die Infektionsgefahr hängt von der Witterung und vom Allgemeinzustand der Pflanzen ab.
Behandlung: Pflanzen Sie Salat möglichst hoch, damit die Blätter den Boden nicht berühren und sorgen Sie dafür, dass Pflanzen und Boden schnell abtrocknen können. Dazu gehört ausreichender Pflanzabstand und Gießen am Morgen statt am Abend. Vermeiden Sie zu hohe Stickstoff (N)-Gaben, die Blätter werden dadurch weich und anfällig. Für eine direkte Behandlung ist im Hausgarten z. Zt. kein Mittel zugelassen.

jan	feb	mär	apr	mai	jun	jul	aug	sep	okt	nov	dez

Sellerie

Blattläuse

Schadbild: Am Sellerielaub saugen kleine, grüne Läuse. Die Blätter kräuseln sich und vergilben. Weiteres siehe Seite 95 und 19.

Septoria-Blattfleckenkrankheit

Schadbild: Graubraune Flecken auf Blättern und Stängeln, später bilden sich schwarze Pünktchen. Bei feuchter Witterung breitet sich die Krankheit schnell aus. Starker Befall lässt Blätter absterben. Der Pilz befällt sowohl Schnitt- als auch Stangen- und Knollensellerie. Er überdauert auf Samen und befallenen Blättern.
Behandlung: Wechseln Sie die Anbaufläche jährlich. Befallene Pflanzenreste entfernen und vernichten. Sie können das Saatgut einer Heißwasserbeize (25 Min. bei 50 °C) unterziehen, um es von anhaftenden Pilzen zu befreien. Beim Auftreten der ersten Symptome können Sie Spritzungen mit Kupferpräparaten durchführen.
Mittel: Kupferkalk Cupravit (Bayer), Kupferkalk Atempo (Neudorff).

Spritzen

jan	feb	mär	apr	mai	jun	jul	aug	sep	okt	nov	dez

Herz- und Knollenbräune (Bormangel)

Schadbild: Äußerlich sind an den Blattstielen Querrisse mit Verkorkungen zu erkennen. An den inneren »Herzblättern« entsteht Trockenfäule. Schon vorher sind Schäden in der Knolle entstanden. Zuerst findet man viele braune Gewebepartien, später auch Hohlräume. Die Schäden entstehen durch Bormangel.
Behandlung: Düngen Sie mit einem Volldünger mit Spurenelementen. Vor der Kultur keinen Kalk ausbringen. Bei Bormangel (Bodenuntersuchung!) einen reinen Bordünger (z. B. Borax) einarbeiten.

jan	feb	mär	apr	mai	jun	jul	aug	sep	okt	nov	dez

Tomate

Blattläuse

An Triebspitzen und Unterseiten junger Blätter saugen grüne Läuse, Blätter und Triebe kräuseln sich und vergilben. Siehe S. 19.

Weiße Fliege (Mottenschildlaus)

Schadbild: Unter den Blättern sitzen 1-2 mm große, mottenähnliche, weiße Insekten, die bei leichter Berührung der Pflanze auffliegen. Sie schädigen die Pflanze nicht nur durch ihre Saugtätigkeit, sondern durch die starken Honigtauausscheidungen. Auf der klebrigen Masse siedeln sich Rußtaupilze an, die Blätter und Früchte verschmutzen. Weiße Fliegen wirken außerdem als Virusüberträger. Besonders viel Schaden richten sie im Gewächshaus und an Kübelpflanzen an, an denen sie auch die Wintermonate überstehen.
Behandlung: Im Gewächshaus lassen sich die Schädlinge durch die rechtzeitige Ansiedlung von Nützlingen bekämpfen. Verwenden Sie dann nur noch nützlingsschonende Insektizide. Hängen Sie zur Früherkennung beleimte Gelbtafeln auf. Im Freiland können Sie Insektizide spritzen, die Sie jedoch häufiger wechseln sollten, da die Schädlinge schnell Resistenzen aufbauen.
Mittel: Neudosan Neu Blattlausfrei (Neudorff), Schädlingsfrei Naturen, Schädlingsfrei Hortex (Celaflor); Nützlinge: *Encarsia*-Schlupfwespen.

jan	feb	mär	apr	mai	jun	jul	aug	sep	okt	nov	dez

Spritzen
Nützlingseinsatz

Spinnmilben

Auf den Blattoberseiten treten helle Sprenkelungen auf. Bei starkem Befall werden die Blätter mit einem feinen Gespinst überzogen. Weiteres siehe Seite 24.

Kraut- und Braunfäule

Schadbild: Die Blätter färben sich von der Spitze und vom Rand aus graubraun. Blattunterseits bildet sich bei feuchter Witterung ein weißer Schimmelrasen. An den Trieben entstehen grauschwarze, zunächst scharf abgegrenzte Flecken. Der Befall an den Früchten beginnt mit braunen, runzligen Flecken (siehe Bild

rechts), die tief ins Fleisch gehen und später faulen. Bei feucht-warmer Witterung breitet sich die Krankheit sehr schnell aus. Eine Ansteckung geht oft von Kartoffeln aus, die von dem gleichen Erreger befallen werden. Die Pilzsporen können im Boden überdauern, sodass die untersten Blätter und Stängel zuerst durch Wasserspritzer infiziert werden.

Behandlung: Halten Sie die oberirdischen Teile der Tomatenpflanzen stets trocken, nur vorsichtig (ohne dass es spritzt) von unten wässern. In einem Tomatenhaus oder unter einer anderen Überdachung breitet sich die Krankheit seltener aus. Bei einem Anfangsbefall können Sie die kranken Pflanzenteile abpflücken und vernichten. Beginnen Sie gleichzeitig mit regelmäßigen Spritzungen mit einem Pilzbekämpfungsmittel.

Mittel: Kupferkalk Cupravit (Bayer), Cueva Pilzfrei, Fungisan Gemüse-Pilzfrei, Kupferkalk Atempo (Neudorff).

Spritzen

jan	feb	mär	apr	mai	jun	jul	aug	sep	okt	nov	dez

Blütenendfäule

Schadbild: An der Unterseite der Frucht bildet sich an der Blütenansatzstelle zunächst ein wässriger Fleck, der mit der Zeit größer und dann braun und hart wird. Die jüngsten Blätter bleiben klein, sind verformt und dunkelgrün. Besonders empfindlich sind schnell wachsende Fleischtomaten Das Schadbild entsteht durch Kalziummangel oder durch stark schwankende Wasserversorgung.

Behandlung: Düngen Sie ausgewogen und wässern Sie ausreichend, damit die Pflanzen genügend wassergelöstes Kalzium aufnehmen können. Liegt der pH-Wert des Bodens unter 6,5 (lässt sich mit dem pH-Bodentest von Neudorff feststellen) wird zu viel Kalzium im Boden festgelegt, das die Pflanze nicht aufnehmen kann. Es entsteht eine Unterversorgung. Durch eine Kalkgabe können Sie den pH-Wert erhöhen. Eine schnelle Abhilfe können Sie mit einigen Spritzungen mit Kalziumsalzen während der Fruchtreife schaffen.

Mittel: Spezialdünger Dungal gegen Kalziummangel (Spiess-Urania).

Blattdünger

jan	feb	mär	apr	mai	jun	jul	aug	sep	okt	nov	dez

Grauschimmel (Geisterflecken)

Schadbild: An den Stängeln und an den Blättern entstehen graugrüne Flecken, die sich langsam ausbreiten. Unter feuchten Bedingungen sind die Flecken schnell mit einem grauen Pilzrasen bedeckt. Auf den Früchten entstehen die so genannten Geisterflecken: helle Ringe mit einem Punkt im Zentrum. Grauschimmel ist ein Schwächepilz, der sich auf abgestorbenen Pflanzenteilen ansiedelt und von dort auch auf gesundes Gewebe vordringt.
Behandlung: Sorgen Sie für optimale Kulturbedingungen, denn gesunde Tomatenpflanzen werden nur selten von Grauschimmel befallen. Entfernen Sie befallene Pflanzenteile sofort aus dem Bestand, um eine Weiterverbreitung zu verhindern. Sorgen Sie für einen luftigen Stand und wässern Sie immer nur von unten. Vorbeugend wirkt ein Pflanzenstärkungsmittel. Bei Befall können Sie ein Pilzbekämpfungsmittel spritzen.
Mittel: Zur Pflanzenstärkung: Neudo-Vital Obst-Pilzschutz (Neudorff); zur Bekämpfung: Obst-Pilzfrei Teldor (Bayer).

jan	feb	mär	apr	mai	jun	jul	aug	sep	okt	nov	dez

Spritzen

Echter Mehltau

Schadbild: Auf den Blattoberseiten, Blattstielen und Stängeln breitet sich ein mehlartiger, weißer Pilzrasen aus. Die Früchte werden nicht befallen. Echter Mehltau ist ein Schönwetterpilz, der sich vor allem an sonnigen Tagen verbreitet. Es kommt zu Ertragseinbußen, da die kranken Blätter die Früchte nicht ausreichend ernähren können. Der Pilz überwintert auf Pflanzenresten.
Behandlung: Entfernen Sie nach der Ernte sorgfältig alle Pflanzenreste vom Beet, um die Überwinterungsmöglichkeiten des Pilzes einzuschränken. Vorbeugend können Sie mit Stärkungsmitteln die Widerstandskräfte gegen diese Krankheit erhöhen. Eine Spritzbehandlung mit einem Pilzbekämpfungsmittel nur bei starkem Befall durchführen.
Mittel: Zur Pflanzenstärkung: Neudo-Vital Obst-Pilzschutz (Neudorff); zur Bekämpfung: Fungisan Gemüse-Pilzfrei (Neudorff).

jan	feb	mär	apr	mai	jun	jul	aug	sep	okt	nov	dez

Spritzen

Ich habe gehört, dass es von Tomaten inzwischen auch veredelte Sorten gibt. Was haben diese für einen Vorteil?

Bei der Tomatenveredelung lässt man 2 Jungpflanzen von Sorten zusammenwachsen, die sich in ihren positiven Eigenschaften ergänzen. Als Unterlage wird meistens die Sorte 'Vigomax' verwendet, die gegen schädliche Wurzelnematoden und Korkwurzelkrankheit resistent ist. Als Veredelungssorte können sie alle Tomatensorten nehmen. Mit veredelten Tomaten lässt sich ein deutlicher Mehrertrag erzielen.

Zwiebel, Lauch, Schnittlauch

Zwiebelfliege

Schadbild: Etwa ab Mitte bis Ende Mai welken junge Zwiebeln und fallen um. Die Herzblätter lassen sich leicht herausziehen. Die Wurzeln sind von weißlichen, 8–10 mm langen Maden abgefressen. Später im Jahr bohren sich die Maden in den Zwiebelkörper und zerfressen ihn von innen. Die spät befallenen Pflanzen sterben dabei meistens nicht ab. Zwiebelfliegen sind auch am Lauch zu finden. Der Schädling überwintert im Puppenstadium im Boden.

Behandlung: Bauen Sie Zwiebeln im Folgejahr nicht an der gleichen Stelle an. Nach der Aussaat oder dem Stecken der Zwiebeln können Sie das Beet mit einem Kulturschutznetz (z. B. SchädlingsschutzNetz von Neudorff) abdecken. Vorbeugend gegen den Befall mit Gemüsefliegen können Sie ein Pflanzenstärkungsmittel oder ein Streumittel gegen Insekten bei der Aussaat bzw. beim Stecken/Pflanzen in die Erde einarbeiten.

Mittel: Zur Pflanzenstärkung: Bio-Gemüse Streumittel (Neudorff); zur Bekämpfung: Nexion (Celaflor).

Streumittel

jan	feb	mär	apr	mai	jun	jul	aug	sep	okt	nov	dez

Lauchmotte

Schadbild: Hellgelbe Raupen mit schwarzen Punkten und bräunlichem Kopf schaben an den Lauchstangen. Später fressen sie sich bis in das Herz vor. Die ca. 13 mm langen Raupen verpuppen in einem Kokon auf den Blättern. Aus den Puppen schlüpft der nachtaktive, graubraune Falter, der wiederum Eier an weitere Pflanzen legt. Die Raupen dieser zweiten Generation Mitte August richten den größeren Schaden an. Neben Lauch werden auch Schnittlauch und Zwiebeln befallen.
Behandlung: Entfernen Sie die befallene Pflanzen, um die Ausbreitung des Schädlings zu stoppen. Das gesamte Beet können Sie direkt nach der Pflanzung mit einem Kulturschutznetz abdecken (z. B. SchädlingsschutzNetz von Neudorff). Damit wird eine Eiablage wirkungsvoll verhindert. Für eine direkte Bekämpfung ist z. Zt. kein Mittel zugelassen.

jan	feb	mär	apr	mai	jun	jul	aug	sep	okt	nov	dez

Thrips

Schadbild: Die Schädlinge saugen an der obersten Schicht der Pflanzenzellen, wodurch anfangs helle Pünktchen, später dann silbrig glänzende Streifen entstehen. Befallene Pflanzen (Porree, Schnittlauch und Zwiebeln) bleiben im Wuchs zurück. Mit einer Lupe erkennt man 1 mm große, schlanke, gelblichbraune Insekten und deren hellgelbe Larven. Charakteristisch sind auch die vielen kleinen, schwarzen Kotkrümel. Thripse vermehren sich vor allem in heißen, trockenen Sommermonaten. Sie überwintern als Larven im Boden oder an Kübel- und Zimmerpflanzen im Haus oder Gewächshaus.
Behandlung: Räumen Sie das Beet nach der Ernte sorgfältig ab und graben Sie es tief um. Überwinternde Larven werden so an die Oberfläche geholt. Bei ersten Befallssymptomen können Sie eine Spritzbehandlung durchführen.
Mittel: Spruzit Schädlingsfrei (EW; Neudorff).

jan	feb	mär	apr	mai	jun	jul	aug	sep	okt	nov	dez

Spritzen

Falscher Mehltau

Schadbild: Auf den Blättern entstehen länglich ovale, blassgraue Flecken. Unter feuchten Bedingungen, z.B. am Morgen nach einer taureichen Nacht, sind die Flecken von einem violettgrauen Sporenrasen überzogen. Bei feuchtem Wetter kann sich die Krankheit rasch ausbreiten, sodass das gesamte Laub fast vollständig abstirbt. Der Pilz überdauert auf Steckzwiebeln und erkrankten Pflanzenteilen im Boden. Zwiebeln werden häufig, Schnittlauch und Porree nur selten befallen.
Behandlung: Sorgen Sie für einen trockenen Bestand, indem Sie die Zwiebeln nicht zu dicht säen oder stecken und nur morgens gießen. Wenn Sie eine weite Fruchtfolge einhalten, verhindern Sie, dass der überwinterte Pilz sofort wieder infizieren kann. Räumen Sie nach der Ernte sorgfältig alle Pflanzenreste vom Beet, um die Überwinterungsmöglichkeiten des Pilzes einzuschränken. Für eine direkte Bekämpfung ist z. Zt. kein Mittel zugelassen.

jan	feb	mär	apr	mai	jun	jul	aug	sep	okt	nov	dez

Lauch-Rost

Schadbild: An Lauch und Schnittlauch entstehen anfangs gelbliche Flecken. Im Spätsommer findet man dann die typischen orangeroten, runden oder länglichen Rostflecken. Die Oberhaut ist schlitzartig aufgerissen. Stark befallene Pflanzen werden blass und bleiben im Wuchs zurück. Dieser Rostpilz ist nicht wirtswechselnd und überwintert an Pflanzenresten oder z.B. an Porree, der über Winter stehen bleibt.
Behandlung: Entfernen Sie befallene Pflanzen und Pflanzenreste unbedingt vor der Neupflanzung im Frühjahr. Behandeln Sie das Gemüse mit Pflanzenstärkungsmitteln, um die Widerstandskraft zu erhöhen. Für eine direkte Bekämpfung ist z. Zt. kein Mittel zugelassen.
Mittel: Zur Pflanzenstärkung: Neudo-Vital Obst-Pilzschutz (Neudorff).

Stärkung

jan	feb	mär	apr	mai	jun	jul	aug	sep	okt	nov	dez

Gelbstreifigkeitsvirus

Schadbild: Die Blätter der befallenen Pflanzen färben sich gelbgrün, oft mit deutlichen Streifen. Sie verdrehen sich, werden wellig und hängen herunter. Der sonst runde Blattquerschnitt der Zwiebel flacht ab. Die Pflanzen wachsen deutlich schwächer. Die Symptome an Porree und Zwiebeln sind ähnlich, obwohl sie von unterschiedlichen Viren verursacht werden. Die Viren werden von Blattläusen übertragen.
Behandlung: Entfernen Sie verdächtige Pflanzen aus dem Bestand. Viruskrankheiten werden von Blattläusen übertragen. Behandeln Sie daher einen möglichen Blattlausbefall. Eine direkte Bekämpfung von Viren ist nicht möglich.

jan	feb	mär	apr	mai	jun	jul	aug	sep	okt	nov	dez

Lauch-Minierfliege

Schadbild: Fraßgänge im Inneren der Lauchpflanzen. Teilweise finden sich dort die braunen, 3-4 mm großen Puppen oder die weiß-gelbe Larven. Häufig dringen in die Fraßgänge Fäulnispilze ein. Schaden wird durch Fliegen verursacht, die Eier an die Blätter der Pflanzen ablegen.
Behandlung: Nach der Aussaat bis eine Woche vor der Ernte das Beet mit einem Kulturschutznetz abdecken. Im Hausgarten ist keine direkte Bekämpfung mit Pflanzenschutzmitteln möglich.

jan	feb	mär	apr	mai	jun	jul	aug	sep	okt	nov	dez

Am Schnittlauch habe ich im Frühjahr schneckenähnliche, schleimige Tiere gefunden. Bei genauerem Hinsehen habe ich außerdem Kolonien von orangefarbenen Eiern gefunden. Um welchen Schädling handelt es sich dabei?

Ihr Schnittlauch ist vom **Lilienhähnchen** befallen. Schnittlauch gehört wie die Lilien zu den Liliengewächsen und wird gern von diesem Schädling aufgesucht. Die schneckenähnlichen Tiere sind die Larven des Käfers. Auch der ziegelrote, glänzende, etwa 6-8 mm große Käfer frisst an den Schnittlauchhalmen. Käfer und Larven können Sie durch Absammeln und Vernichten dezimieren. Weiteres siehe Seite 49.

Krankheiten und Schädlinge bekämpfen

Wenn Pflanzenschädlinge oder Pflanzenkrankheiten im Garten auftreten, bieten sich verschiedene Arten der Bekämpfung. Zunächst sollte geprüft werden, ob der Einsatz mechanischer Maßnahmen, wie z. B. Schutznetze oder Fallen sinnvoll erscheint. Insbesondere im Gewächshaus können viele Probleme auch durch den Einsatz von Nützlingen gelöst werden.
Erst wenn all diese Möglichkeiten keinen Erfolg zeigen, sollte der Einsatz von Pflanzenschutzmitteln erwogen werden. Diese stufenweise Vorgehensweise wird **Integrierter Pflanzenschutz** genannt.

Mechanisches Entfernen, Fallen und Schutznetze

Bei schwachem Befall mit Pilzkrankheiten können die befallenen Pflanzenteile einfach weggeschnitten werden. Dies mindert den Krankheitsdruck und die Weiterverbreitung der Krankheit. Je früher die kranken Teile entfernt werden, umso größer ist der Erfolg. Genauso sollten mit Schädlingen befallene Früchte, wie z. B. madige Äpfel, umgehend entfernt werden. Die Maden können sonst die Früchte verlassen, sich im Boden verpuppen und von dort aus weitere Früchte schädigen.
Auch viele Pflanzenschädlinge können Sie ohne chemische Spritzmaßnahmen fernhalten oder dezimieren. Dazu setzt man z. B. farbige Tafeln, Kulturschutznetze, Leimringe oder Wellpappringe ein. Außerdem können Sie Lockstofffallen im Garten aufhängen.

Mit beleimten Gelbtafeln kann man Schädlinge abfangen. Bei hohem Befallsdruck ist meist zusätzlich noch eine Spritzbehandlung notwendig.

Farbtafeln

Schädlinge, wie geflügelte Blattläuse, Weiße Fliegen, Trauermücken, Thripse oder Minierfliegen, werden von gelben Farbtönen angelockt. Deshalb hängt man mit Leim bestrichene gelbe Tafeln auf, um die Schädlinge abzufangen.
Bei sehr starkem Schädlingsdruck muss

manchmal trotzdem noch eine Spritzmaßnahme erfolgen. In diesem Fall helfen die gelben Tafeln dem Gärtner den Schädlingsbefall rechtzeitig zu entdecken.
Farbtafeln werden in erster Linie in Gewächshaus, Blumenfenster und Wintergarten eingesetzt. Gegen Rhododendronzikaden werden die gelben Tafeln auch im Freiland eingesetzt.
Leimtafeln mit orange-gelber Färbung sind ein wichtiges Hilfsmittel zur Dezimierung des Madenbefalls bei Kirschen. Die Kirschfruchtfliegen werden von der Farbe angelockt und bleiben auf dem Leim kleben. Die Schädlinge können so keine Eier an die Kirschen legen, aus denen sich Kirschmaden entwickeln würden.

Kulturschutznetze/ Schädlingsschutznetze

Kulturschutznetze werden hauptsächlich im Gemüsebau eingesetzt. Sie halten viele Schädlinge von den Pflanzen fern.

Kulturschutznetze verhindern den Befall mit Maden und schädlichen Raupen an Kohl, Radieschen, Rettich, Möhren, Lauch und Bohnen. Die Netze werden direkt über die Gemüsepflanzen gelegt. Sie bestehen aus feinmaschigem Gewebe, durch das viele Schädlinge nicht hindurchdringen können. Damit unterbleibt an den Pflanzen die Ablage der Eier, aus denen die schädlichen Maden schlüpfen.

Wichtig ist, dass das Netz auch an den Rändern abgedichtet wird. Beschweren Sie diese darum z. B. mit langen Brettern oder graben Sie das Netz zumindest einseitig oberflächlich ein.
Schutznetze schützen Pflanzen außerdem gegen Vogelfraß, z. B. durch Amseln oder Tauben. Ganz nebenbei bleiben die Pflanzen unter dem Netz auch gegen Hagel und Starkregenschauer geschützt. Licht, Luft und Wasser gelangen dennoch problemlos durch das Netz, sodass das Pflanzenwachstum in keiner Weise beeinträchtigt wird.

Leimringe

Leimringe (siehe Bild Seite 124) bekämpfen sehr wirkungsvoll viele Schädlinge, die am Stamm von Obst- und Ziergehölze kriechen. Die beleimten Papierstreifen werden um den Baumstamm gelegt. Hierdurch werden z. B. die Weibchen des Frostspanners abgefangen, die ab Ende September den Stamm empor kriechen um ihre Eier in der Baumkrone abzulegen.
Leimringe können auch Ameisen abfangen, die häufig in großer Zahl den Baumstamm hinauf laufen.
Weiterhin dezimiert ein Leimring auch Blutläuse an Apfelbäumen. Sie bleiben genau wie die anderen Schädlinge auf der Leimschicht kleben, bevor sie in der Baumkrone Schaden anrichten können.

Obstmaden verstecken sich gerne in Wellpappegürteln, um sich zu verpuppen. In diesen Papperingen kann man sie leicht absammeln.

Wellpappegürtel

Mit Hilfe von Wellpappegürteln werden Larven von Apfel- und Pflaumenwickler gefangen, die für die Vermadung von Äpfeln, Birnen, Pflaumen und Zwetschen verantwortlich sind.
Durch die Wellpappegürtel, die ab Juni um den Stamm gelegt werden, bietet man den Maden eine Versteckmöglichkeit für die Verpuppung. Die Schädlinge nehmen den Unterschlupf gerne an und können leicht abgesammelt werden.
Der Wellpappegürtel sollte ca. 10-20 cm über der Bodenoberfläche angebracht werden. Wird er zu hoch um den Baumstamm gelegt, findet man deutlich weniger Larven.

Sexuallockstoff-Fallen

Fallen mit Sexuallockstoff, so genannte **Pheromonfallen**, werden gegen Maden in Äpfeln eingesetzt. Der Madenbefall wird durch den Apfelwickler, einen ca. 2 cm großen Schmetterling, verursacht. Die männlichen Apfelwicklerfalter werden durch den Sexuallockstoff des weiblichen Falters angelockt.
Die Fallen enthalten Kapseln mit weiblichem Sexuallockstoff. Anstelle des begattungswilligen Weibchens befindet sich in der Falle jedoch eine Leimfläche, auf der das Apfelwicklermännchen kleben bleibt.
Apfelwickler sind von Ende Mai bis Ende September aktiv. Die Fallen werden in erster Linie zur Bestimmung des Flughöhepunktes und damit des optimalen Spritzzeitpunktes eingesetzt. Wird bei der wöchentlichen Kontrolle der Falle eine steigende Zahl an Faltern gezählt, sollte ca. eine Woche später eine Spritzung gegen die jungen Maden durchgeführt werden.
Sexual-Lockstofffallen werden auch gegen Maden in Pflaumen eingesetzt. Hier werden auf die gleiche Weise die Falter des Pflaumenwicklers angelockt.

Einsatz von Nützlingen

Nützlinge sind die natürlichen Gegenspieler der Pflanzenschädlinge. Sie fressen die Schadorganismen oder saugen sie aus. Nützlinge werden in erster Linie im Gewächshaus, im Wintergarten und im Blumenfenster eingesetzt. Einige Nützlingsarten können auch im Freien eingesetzt werden.
Die verschiedenen Nützlingsarten werden in Zuchtbetrieben massenhaft vermehrt. Da die lebenden Nützlinge nicht im Gartencenter gelagert werden können, bietet der Handel Gutscheine an. Gegen Einsendung des Gutscheines werden die Nützlinge direkt zugesandt. Sie sind auf den entsprechenden Schädling, gegen den sie eingesetzt worden sind, als Nahrungsquelle angewiesen. Sobald die Schaderreger vernichtet sind, stirbt auch der Nützling. Auch wenn beim Nützlingseinsatz oft von »Milben«, »Mücken« oder »Wespen« geredet wird, besteht absolut keine Gefahr, dass Menschen oder Haustiere belästigt werden.

Sieben gute Gründe für den Nützlingseinsatz

- keine gesundheitlichen Risiken für den Anwender
- kein großer Zeitaufwand bei der Ausbringung,
- keine zusätzlichen Geräte zur Ausbringung nötig
- keine Belastung von Luft, Wasser oder Boden
- keine schädlichen Rückstände auf den Pflanzen
- keine Einhaltung von Wartezeiten
- keine Resistenzbildung bei den Schädlingen
- keine Belastung bzw. Beschädigung der Pflanzen

In der folgenden Tabelle sind die Nützlings-Gruppen, die Sie im Garten und im Gewächshaus einsetzen können, aufgeführt:

Schädlinge	Einsetzbare Nützlinge	Anwendungsbereich Gewächshaus	Freiland
Blattläuse	Räuberische Gallmücken	*	–
Blattläuse, Thripse	Florfliegen	*	*
Spinnmilben	Raubmilben	*	(*)
Weiße Fliege	Schlupfwespen	*	(*)
Dickmaulrüssler- und Gartenlauf-käfer-Larven, Maulwurfsgrillen, *Tipula*-Larven	Parasitäre Nematoden	*	*

* = gut einsetzbar (*) = im Hochsommer einsetzbar – = nicht einsetzbar

Voraussetzungen für den Einsatz von Nützlingen

Damit der Nützlingseinsatz ein voller Erfolg wird, sollte man folgende Punkte beachten:

- Nützlinge müssen zu Beginn des Schädlingsbefalls eingesetzt werden.
- Nützlinge können nicht zusammen mit oder unmittelbar nach einer Pflanzenschutzmittelanwendung ausgebracht werden. Ausnahme: nützlingschonende Mittel wie z. B. Neudosan Neu Blattlausfrei.
- Nützlinge benötigen eine Mindesttemperatur am Tage von 18 bzw. 14 °C bei Florfliegen. Parasitäre Nematoden benötigen eine Bodentemperatur von mindestens 12 °C.

Nützliche Nematoden werden in Wasser eingerührt und mit der Gießkanne ausgebracht.

Brühen, Tees und Jauchen

Viele Gartenfreunde stellen sich verschiedene Brühen, Tees und Jauchen her. Hierbei werden Pflanzen oder Pflanzenteile mit Wasser angesetzt und über einen bestimmten Zeitraum stehen gelassen. Bekannt sind z. B. Brennnesseljauche, Ackerschachtelhalm- oder Baldrianbrühe. Diese können durchaus zur Unterstützung der allgemeinen Pflanzengesundheit dienen. Die meisten dieser Präparate blieben jedoch in wissenschaftlichen Versuchen, in denen sie direkt zur Bekämpfung von Schädlingen oder Pflanzenkrankheiten eingesetzt wurden, den Beweis ihrer Wirksamkeit schuldig.
Wir warnen ausdrücklich vor der Herstellung von Nikotinbrühe aus Zigarettentabak. Sie ist äußerst giftig und sollte daher keinesfalls zu Pflanzenschutzzwecken eingesetzt werden.

Pflanzenstärkungsmittel

Pflanzenstärkungsmittel wirken nicht direkt gegen Krankheiten oder Schädlinge. Sie können aber die natürlichen Abwehrmechanismen der Pflanzen wirkungsvoll aktivieren, so dass Krankheitserreger nicht oder kaum noch in das Pflanzengewebe eindringen können. Sie wirken gewissermaßen als »Schutzimpfung« für die Pflanzen.

Auf dem Markt wird eine Vielzahl von Pflanzenstärkungsmitteln angeboten. Im Gegensatz zu Pflanzenschutzmitteln, wird im Registrierungsverfahren die Wirksamkeit der Mittel nicht geprüft. Daher gibt es am Markt eine Vielzahl von Präparaten, die wundersame Wirkungen gegen eine Vielzahl von Krankheiten und Schädlingen versprechen. In der Praxis erweist sich die Wirkung jedoch nicht immer als ausreichend. In diesem Buch werden daher nur solche Pflanzenstärkungsmittel empfohlen, die in unabhängigen Tests ihre Wirksamkeit nachgewiesen haben.

Brennnesseljauche kann der allgemeinen Pflanzengesundheit dienen. Eine Wirksamkeit gegen Schädlinge ist allerdings nicht bewiesen.

Pflanzenschutzmittel

Die Anwendung von Pflanzenschutzmitteln hat heute viel von ihrem einstigen Schrecken verloren. Die Industrie hat es verstanden, in den letzten Jahren mehr und mehr Präparate auf den Markt zu bringen, die auch im Hobbygarten ohne unvertretbare Risiken angewendet werden können.

Zulassungsverfahren

Jedes Pflanzenschutzmittel muss vom Bundesamt für Verbraucherschutz und Landwirtschaft (BVL) zugelassen werden. Dabei ist es unerheblich, ob es sich um einen »chemischen« oder »natürlichen« Wirkstoff handelt.

Präparate, die im Haus- und Kleingarten eingesetzt werden sollen, werden im Zulassungsverfahren gesondert geprüft. Dabei wird anhand der vorliegenden Daten beurteilt, ob auch Hobbygärtner die Mittel anwenden können, ohne sich selbst oder die Umwelt unverhältnismäßig zu gefährden. Nur Präparate mit dem Hinweis »Für den Einsatz im Haus- und Kleingarten geeignet« dürfen eingesetzt werden.
In diesem Buch wird an einigen Stellen auf die »**Nebenwirkung**« **(NW)** eines Mittels hingewiesen. Dies bedeutet, dass z. B. Mittel A gegen Blattläuse an Rosen zugelassen ist. Wenn an den gleichen Rosen z. B. schädliche Raupen auftreten, ist das Mittel eventuell nicht offiziell gegen Raupen zugelassen, obwohl es wirksam ist. In diesem Fall ist die Wirkung gegen Raupen als Nebenwirkung mit aufgeführt.
Bei diversen Empfehlungen findet sich der Hinweis »**z.Zt. nur im Erwerbsgartenbau zugelassen**« **(EW)**. Es handelt sich hierbei um Mittel, bei denen nicht für alle Schaderreger auch eine Zulassung im Haus- und Kleingartenbereich besteht. Wenn es sich um wichtige Krankheiten oder Schädlinge handelt, in denen sonst eine Empfehlungslücke entstehen würde, sind die Mittel, entsprechend gekennzeichnet, mit aufgeführt.
Die Empfehlungen zu Pflanzenschutzmitteln basieren auf dem Zulassungsstand vom März 2006. Um über eventuelle Änderungen informiert zu sein, sollten Sie in jedem Fall die Angaben auf den Packungen genau beachten. Hier finden Sie die aktuellen und verbindlichen Zulassungsbestimmungen.

Kriterien für empfehlenswerte Präparate

- **Wirksamkeit:** Pflanzenschutzmittel müssen für den beabsichtigten Zweck wirksam sein. Deshalb muss der entsprechende Schädling bzw. die aufgetretene Krankheit auf dem Packungstext erwähnt sein. Nur dann ist gewährleistet, dass das Präparat in Versuchen eine genügende Effizienz gezeigt hat und der Einsatz Erfolg versprechend ist.
- **Giftklasse:** Bevorzugen Sie Präparate, die in keine »Giftklasse« eingestuft sind. Benutzen Sie möglichst keine Mittel, die als sehr giftig, giftig, gesundheitsschädlich oder ätzend eingestuft sind.

- **Bienengefährlichkeit:** Bienen spielen für die Bestäubung vieler Obst- und Gemüsearten eine entscheidende Rolle, weshalb sie unbedingt geschont werden müssen. Aus diesem Grunde sollten bienenungefährliche Mittel eingesetzt werden.
- **Nützlingsgefährdung:** Nützlinge sind natürliche Gegenspieler von Schädlingen. Bekannte Nützlinge sind z. B. Marienkäfer und Florfliegen. Bevorzugen Sie möglichst nützlingsschonende Mittel, denn so können diese mithelfen, Massenvermehrungen von Schädlingen zu verhindern.

Erfolgeiche Anwendung von Pflanzenschutzmitteln – was ist zu beachten?

Bei Befall oder vorbeugend – wann soll ich spritzen?

Bekämpfen Sie Pflanzenschädlinge bei Befallsbeginn. Wartet man zu lange, z. B. bis sich beim Blattlausbefall die Blätter kräuseln, ist es schwieriger, die Schädlinge direkt zu treffen.
Vorbeugende Spritzungen gegen tierische Schädlinge sind in der Regel nicht sinnvoll. Eine Ausnahme ist die Austriebsspritzung gegen Wintereier von Schädlingen. Hierbei werden zum Ende des Winters, beim Schwellen der neuen Blattknospen, ölhaltige Mittel versprüht. Das Öl erstickt die Wintereier. Wir raten zu einer Austriebsspritzung bei Gehölzen, die jedes Jahr aufs Neue stark von Schädlingen befallen sind.
Bei der Bekämpfung von pilzlichen Krankheitserregern sind vorbeugende Spritzungen oftmals notwendig. Sind z. B. die Symtome der Pfirsich-Kräuselkrankheit bereits sichtbar, ist die Krankheit schon nicht mehr heilbar.
Bei anderen pilzlichen Krankheiten, wie z. B. Echtem Mehltau oder Sternrußtau an Rosen, kann ab Befallsbeginn behandelt werden. Die vorhandenen Flecken werden zwar nicht mehr beseitigt, die Fortentwicklung der Krankheit auf nachwachsende Blättern und Blüten wird aber verhindert.

Wie spritze ich richtig?

Viele Präparate, die heute im Haus- und Kleingartenbereich zugelassen sind, sind so genannte Kontaktmittel. Dies bedeutet, dass die Schädlinge direkt mit der Spritzbrühe in Berührung kommen müssen, damit diese ihre Wirkung entfalten kann. Insbesondere Mittel mit natürlichen Wirkstoffen werden nicht über die Wurzel

Schädlinge sitzen oft auf den Blattunterseiten. Behandeln Sie diese bei einer Spritzung daher immer besonders sorgfältig.

aufgenommen. Spritzen Sie Kontaktmittel daher sehr sorgfältig auf alle Pflanzenteile. Insbesondere die Blattunterseiten müssen mitbehandelt werden, da sich der Großteil der Schädlinge oft genau dort aufhält.

Es gibt besondere Spritzdüsen, die in verschiedene Richtungen verstellbar sind. Oder man hält die Düse »verkehrt herum«, so dass die Spritzbrühe von unten nach oben gespritzt wird.

Wichtige Punkte bei der Anwendung von Pflanzenschutzmitteln:

- Gebrauchsanleitung genau beachten
- Empfohlene Dosierung exakt einhalten
- Alle Pflanzenteile inklusive der Blattunterseiten tropfnass spritzen
- Spritzung eventuell wiederholen, um auch nachschlüpfende Insekten zu erfassen (Gebrauchsanleitung)
- Pflanzen nie bei direkter Sonneneinstrahlung behandeln, sondern frühmorgens oder abends
- Nur soviel Spritzbrühe ansetzen wie gebraucht wird. Spritzmittelreste nicht stehen lassen, da die Wirksamkeit nach kurzer Zeit verloren geht
- Nebenwirkungen der Spritzpräparate durch optimale Pflege der Pflanzen minimieren.

Kann ich bei jeder Tageszeit und jedem Wetter spritzen?

Behandlungen mit Pflanzenschutzmitteln sollten nicht bei hohen Temperaturen vorgenommen werden. Viele Mittel verlieren bei Temperaturen über 25 °C an Wirkung. Spritzen Sie Ihre Pflanzen daher stets früh morgens oder spät abends.
Weiterhin darf natürlich nicht bei starkem Wind gespritzt werden. Die Gefahr der Abdrift ist zu groß.
Spritzbehandlungen sollten außerdem nicht kurz vor Regenschauern vorgenommen werden.

Was bedeutet eigentlich Wartezeit?

Wartezeit ist die Zeit, die zwischen der Spritzung und Ernte vergehen muss. Verwenden Sie möglichst Mittel mit kurzen Wartezeiten. Achten Sie darauf, dass eine Wartezeit für die zu behandelnde Kultur angegeben ist.

Reicht eine Spritzung aus oder muss ich öfter spritzen?

Bei Spritzungen gegen Blattläuse reicht oft schon eine Spritzung, um die Schädlinge zu beseitigen. Bei Kontaktmitteln empfiehlt sich aber eine Wiederholung nach 5-7 Tagen.
Gegen Spinnmilben und Weiße Fliegen sind in jedem Fall 2-3 Spritzungen notwendig. Die Folgebehandlung ist notwendig, um die aus den Eiern nachschlüpfenden Schädlinge auch zu erfassen.
Wenn Sie gegen pilzliche Schaderreger behandeln, benötigen Sie auf jeden Fall mehrere Spritzungen. Dies liegt darin begründet, dass die meisten Pilzkrankheiten über einen Zeitraum von mehreren Wochen die Pflanzen infizieren können.

Was mache ich, wenn ich nach der Behandlung noch Mittelreste in meiner Spritze habe?

Spritzbrühenreste sollten Sie auf den Boden versprühen. So können die Mittel von den Bodenmikroorganismen zersetzt werden. Giessen Sie Spritzmittelreste keinesfalls ins Waschbecken oder in Regenablaufrinnen.

Anhang

Bezugsquellen

Anbieter von Pflanzenschutzmitteln, Fallen, Schutznetzen und Nützlingen für den Haus- und Kleingarten

Bayer Crop Science GmbH
Elisabeth Selbert Str. 4 a
40764 Langenfeld
Tel. 02173/2076-0
www.bayergarten.de

Compo GmbH
Postfach 2107
48008 Münster
Tel. 0251/3277-0
www.compo.de

W. Neudorff GmbH KG
Postfach 1209
31857 Emmerthal
Tel. 0180/5638367
www.neudorff.de

Scotts Celaflor GmbH
Konrad-Adenauer-Str. 30
55218 Ingelheim am Rhein
Tel. 06132/7803-0
www.scotts-celaflor.de

Spiess-Urania GmbH
Heidenkampsweg 77
20097 Hamburg
Tel. 040/23652-0
www.spiess-urania.com

Stähler Deutschland GmbH
Postfach 2047
21660 Stade
Tel. 04141/9204-0
www.gartenapotheke.com

Nisthilfen für Tiere

SCHWEGLER Vogel- & Naturschutzprodukte GmbH
Heinkelstrasse 35
D-73614 Schorndorf
Tel.: 07181/97745 0
www.schwegler-natur.de

Anmerkung: Die Zulassung von Pflanzenschutzmitteln ist von Land zu Land unterschiedlich. Daher sind nicht alle in diesem Buch erwähnten Mittel auch in Österreich bzw. der Schweiz erhältlich und zugelassen.

Beratungsstellen und Anbieter von Pflanzenschutzmitteln, Nützlingen und Fallen in Österreich

Biohelp GmbH
Kapleigasse 16
A-1110 Wien
Tel. 01/769 97 69-0
www.biohelp.at

COMPO Austria GmbH
Hietzinger Str. 119
A-1131 Wien
Tel. 01/8766393-0
www.compo.at

Scotts Celaflor Handelsges. mbH
Postfach 163
A-5020 Salzburg
Österreich
Tel. 0662/45 37 13-0
www.scotts.at

Windhager Handelsgesellschaft mbH
Enzersberg 205
A-5303 Thalgau
Tel. 0623/561610
www.windhager.at

Beratungsstellen und Anbieter von Pflanzenschutzmitteln, Nützlingen und Fallen in der Schweiz

COMPO Jardin AG
Hegenheimermattweg 65
CH-4123 Allschwil
Tel. 061486/2000

Andermatt Biogarten AG
CH-6146 Grossdietwil
Tel. 062/917 50 00
www.biogarten.ch

Neogard AG
Industriestr.
CH-5728 Gontenschwil
Schweiz
Tel. 062/767000
www.neogard.ch

Bioterra
Schweizerische Gesellschaft
für biol. Landbau
Dubsstrasse 33
CH-8003 Zürich
Tel. 01/463 55 14
www.bioterra.ch

Adressen

Auskunftsstellen für Fragen zum Pflanzenschutz

Sächsische Landesanstalt für Landwirtschaft
Institut für Integrierten Pflanzenschutz
Stübelallee 2
01307 Dresden
Tel. 0351/4408 3-0
www.smul.sachsen.de/de/wu/landwirtschaft/lfl

Pflanzenschutzamt Berlin
Mohringer Allee 137
12347 Berlin
Tel. 030/70006-0
www.stadtentwicklung.berlin.de/pflanzenschutz

Landesamt für Verbraucherschutz, Landwirtschaft und Flurneuordnung
Pflanzenschutzamt
Ringstr. 1010
15203 Frankfurt/Oder
Tel. 0335/5217622
www.mlur.brandenburg.de

Landespflanzenschutzamt
Mecklenburg-Vorpommern
Graf Lippe Str.
18059 Rostock
Tel. 0381/491230
www.landwirtschaft-mv.de

Institut für angewandte Botanik der Universität Hamburg
Abteilung Pflanzenschutz
Ohnhorststr. 18
22609 Hamburg
Tel. 040/428-16554
www.pflanzenschutzamt-hamburg.de

Amt für ländliche Räume Kiel
Abteilung Pflanzenschutz
Westring 383
24118 Kiel
Tel. 0431/880-1302
www.landesregierung.schleswig-holstein.de

Landwirtschaftskammer
Niedersachsen
Pflanzenschutzamt
Sedanstr. 4
26121 Oldenburg
Tel. 0441/801-0
www.lwk-niedersachsen.de
www.nds-gartenakademie.de

Landwirtschaftkammer
Niedersachsen
Pflanzenschutzamt
Wunsdorfer Landstr. 9
30453 Hannover
Tel. 0511/4005-0
www.lwk-niedersachsen.de

Regierungspräsidium Gießen
Pflanzenschutzdienst Hessen
Schanzenfeldstr. 8
35578 Gießen
Tel. 0641/303-5104
www.rp-giessen.de
www.llh-hessen.de

Landespflanzenschutzamt
Sachsen-Anhalt
Silberbergweg 5
39128 Magdeburg
Tel. 0391/256-401
www.llg-lsa.de

Landwirtschaftkammer
Nordrhein-Westfalen
Nevinghoff 40
48147 Münster
Tel. 0251/2376-0

Landwirtschaftkammer
Nordrhein-Westfalen
Siebengebirgsstr. 200
53229 Bonn
Tel. 0228/4342100
www.pflanzenschutzdienst.de

Landwirtschaftkammer
Saarland
Pflanzenschutzamt
Lessingstr. 12
66121 Saarbrücken
Tel. 0681/66505-0

Dienstleistungszentrum
Ländlicher Raum
Breitenweg 71
67435 Neudstadt/Weinstr.
Tel. 06321/671-0
www.gartenakademie.rlp.de

Landesanstalt für
Pflanzenschutz
Reinsburgstr. 107
70197 Stuttgart
Tel. 0711/6642-400
www.landwirtschaft-mlr.
baden-wuerttemberg.de

Regierungspräsidium Tübingen
Pflanzenschutzdienst
Konrad-Adenauer-Str. 20
72072 Tübingen
Tel. 07071/757-0

Regierungspräsidium
Karlsruhe
Pflanzenschutzdienst
Schlossplatz 1-3
76131 Karlsruhe
Tel. 0721/962-0

Regierungspräsidium Freiburg
Pflanzenschutzdienst
Bertholdstr.43
79098 Freiburg
Tel. 0761/208-0

Bayrische Landesanstalt für
Bodenkulturen und Pflanzen-
schutz
Lange Point 10
85354 Freising
Tel. 08161/71-0
www.lbp.bayern.de
www.lwg.bayern.de

Thüringische Landesanstalt
für Landwirtschaft
Pflanzenschutz
Kühnhäuser Str. 101
99189 Erfurt
Tel. 0362/817-0
www.tll.de

Literaturverzeichnis

Griegel, Adalbert: Mein gesunder Ziergarten, Griegel Verlag,Dorsheim, 2003, Pflanzenschutztabellen 2006

Griegel, Adalbert: Mein gesunder Gemüsegarten, Griegel Verlag, Dorsheim, 2003, Pflanzenschutztabellen 2006

Griegel, Adalbert: Mein gesunder Obstgarten, Griegel Verlag Dorsheim, 2003, Pflanzenschutztabellen 2006

Nienhaus, Franz et al: Pflanzenschutz bei Ziergehölzen, Ulmer Verlag, Stuttgart, 1998

Jörg, Günther et al: Pflanzenschutz im Zierpflanzenbau, Ulmer Verlag, Stuttgart, 1999

Keller, Fritz, Wonneberger, Christoph: Gemüsebau, Ulmer Verlag, Stuttgart, 2004

Hommes et al: Pflanzenschutz im Gemüsebau, Ulmer Verlag, Stuttgart, 2004

Alford, David V.: Farbatlas der Obstschädlinge, Enke Verlag, Stuttgart, 1987

Böhmer, Bernd et al: Farbatlas Krankheiten und Schädlinge an Zierpflanzen, Obst und Gemüse, Ulmer Verlag, Stuttgart, 1999

Henseler, Kurt: Der Pflanzendoktor für den Hausgarten, BLV Verlagsgesellschaft mbH, München, 1996

Stichwortverzeichnis

Seitenzahlen mit * verweisen auf Abbildungen

Bibliographische Information
Der Deutschen Bibliothek

Die Deutsche Bibliothek verzeichnet diese Publikation in der Deutschen Nationalbibliografie; detaillierte bibliografische Daten sind im Internet über http://dnb.ddb.de abrufbar.

Bildnachweis:

Alle Bilder Baumjohann, außer:

Borstell: 2/3, 18
Gehler: 40, 12, 104u
Henseler: 52, 89, 95o, 97o
Markley: 1
Pforr: 29o, 59o, 67, 84u, 95u
Pinske: 97u
Redeleit: 58
Reinhard: 46, 94
Röding: 85
Schlüter: 72u, 84o, 88, 90u, 106m, 106u, 112o, 112u
Dienstleistungszentrum Ländlicher Raum, Neustadt/Weinstraße: 93o
Stangl: 82o
Straßberger: 21u, 26o, 62o, 70, 72o, 74, 80, 95m, 96u, 103o, 103u, 115o, 118u
Zunke: 87, 106o, 110o

BLV Buchverlag GmbH & Co. KG
80797 München

Umschlaggestaltung: Anja Masuch, Fürstenfeldbruck
Umschlagfotos:
Vorderseite: Jan Gulbransson (Zeichnung), Baumjohann (Einklinker)
Rückseite: Baumjohann

Klappen: Vorne außen:Baumjohann; Hinten außen: Pforr (oben), Baumjohann (unten)

Layoutkonzept Innenteil:
fuchs_design, Ottobrunn

Lektorat: Dr. Thomas Hagen,
Dr. Eva Dempewolf
Herstellung: Hermann Maxant

Satz: Uhl & Massopust, Aalen

Gedruckt auf chlorfrei gebleichtem Papier

Printed in Germany

ISBN 10: 3-8354-0066-5
ISBN 13: 978-3-8354-0066-5